CORRIDA

Manual prático do treinamento

Alexandre Fernandes Machado

São Paulo, 2013

Corrida: Manual prático do treinamento
Copyright © 2013 by Phorte Editora

Rua Treze de Maio, 596
Bela Vista – São Paulo – SP
CEP: 01327-000
Tel./fax: (11) 3141-1033
Site: www.phorte.com.br
E-mail: phorte@phorte.com

Nenhuma parte deste livro pode ser reproduzida ou transmitida por qualquer meio, sem autorização prévia por escrito da Phorte Editora Ltda.

CIP-BRASIL. CATALOGAÇÃO NA PUBLICAÇÃO
SINDICATO NACIONAL DOS EDITORES DE LIVROS, RJ

M135c

    Machado, Alexandre Fernandes
       Corrida : manual prático do treinamento / Alexandre Fernandes Machado. - 1. ed. - São Paulo : Phorte, 2013.
       232 p. : il. ; 24cm

       Inclui bibliografia
       ISBN 978-85-7655-400-4

       1. Corridas (Atletismo) - Aspectos fisiológicos. 2. Corridas (Atletismo) Treinamento. 3. Corridas (Atletismo). I. Título.
13-00568   CDD: 796.426
                  CDU: 796.422

ph2115

Impresso no Brasil
Printed in Brazil

Este livro foi avaliado e aprovado pelo Conselho Editorial da Phorte Editora.
(www.phorte.com.br/conselho_editorial.php)

Aos meus filhos, Matheus Alexandre e Ana Clara, que são a inspiração
de todo meu esforço e fonte interminável de minha energia.
À minha esposa, Ana Paula, pela compreensão das minhas horas
de ausência em função do meu trabalho e pela infinita paciência.

O Autor

Professor Mestre Alexandre Fernandes Machado

- Graduado em Educação Física pela Universidade Federal Rural do Rio de Janeiro (1999).
- Pós-graduado (*lato sensu*) em Fisiologia do Exercício pela Universidade Castelo Branco (2001).
- Mestrado em Ciência da Motricidade Humana pela Universidade Castelo Branco (2005).
- Coordenador do Laboratório de Fisiologia do Exercício da Universidade Estácio de Sá, Petrópolis – RJ (2005 – 2007).
- Professor do curso de graduação em Educação Física da Universidade Estácio de Sá, Petrópolis – RJ, nas disciplinas de Fisiologia do exercício, treinamento desportivo e prática de pesquisa em Educação Física (2003 – 2007).
- Professor do curso de graduação em Educação Física da Universidade Bandeirante de São Paulo na disciplina de Metodologia do Treinamento desportivo (2003 – 2011).
- Professor convidado de diversos cursos de pós-graduação pelo Brasil.
- Técnico de *triathlon* nível 2 CBTri.
- Idealizador e treinador de corrida pela metodologia VO2PRO.
- Ministra cursos em congressos pelo Brasil.
- Autor do livro *Corrida: teoria e prática do treinamento*, 2009.

- Autor do livro *Manual de avaliação física*, 2010.
- Autor do livro *Corrida: bases científicas do treinamento*, 2011.
- Autor do livro *Bases metodológicas da preparação física*, 2011.
- Preparador físico do campeão brasileiro de corrida de montanha (2008 e 2009).
- Preparador físico do campeão paulista de corrida de montanha (2009).
- Preparador físico do campeão paranaense de corrida de montanha (2009).
- Preparador físico do campeão paulista de corrida de montanha (2010).
- Prêmio Profissional do Ano (2012) pela Federação Internacional de Educação Física (FIEP).

Agradecimentos

A Deus, por estar presente em todas as horas de minha vida.

Ao meu Pai (Beto), à minha mãe (Pepe) e ao meu irmão (Fábio).

Aos professores credenciados pela metodologia VO2PRO que contribuíram para esta obra, Christiano Markes (Markes assessoria), Fabiano Pezzi (Go Runners), Thiago Ramos (KM Esportes), Luiz Santos (Maximize), Marcelo Rocha (2Run), Fabiano Peres, Sandro Santos (StartMove).

Ao professor Marcos Paulo Reis, da MPR assessoria esportiva.

Ao professor Zeca, da ZTrack Esportes.

Ao professor Aulus Sellmer, da 4Any1.

Ao Professor Sidney Togumi, da UPFit.

Ao Ricardo (Cado), da Milk Comunicação.

Ao professor Nelson Evêncio, presidente da Associação de Treinadores de corrida de São Paulo (ATC-SP).

Ao Seixas, Presidente da Proximus (Representante da Polar no Brasil).

Ao Rogério Villa Verde, sócio proprietário da Infinity assessoria esportiva.

Ao amigo Sergio Shibuya, fotógrafo que gentilmente cedeu as fotos que estão neste livro.

Ao amigo Luis Otávio Moscatello (Tavicco), por aceitar o convite e escrever o prefácio desta obra.

Ninguém deveria dizer que você não pode correr mais rápido.

Roger Bannister

Apresentação

Esta obra foi baseada na minha experiência em treinamento esportivo, treinamento em corrida de rua e em montanha para alto rendimento, treinamento para *triathlon*, tanto no alto rendimento como no esporte participativo, buscando sempre uma melhor qualidade de vida e alto desempenho das consultorias realizadas em diversas assessorias esportivas pelo Brasil. Outra fonte de inspiração foram os projetos bem-sucedidos obtidos por meio da convivência e das conversas informais com alunos, treinadores, gestores de assessorias de corrida e de empresários do setor.

Com tantos artigos e livros sobre corrida no mercado, perguntei-me: como ser mais relevante para os profissionais que trabalham com corrida? Ou melhor: como contribuir para o sucesso dos projetos desses profissionais?

Em 2010 e 2011 tive o prazer de viajar muito, ministrando aulas de treinamento de corrida; somente em 2010 estive em todas as regiões do Brasil e, em 2011, não foi muito diferente; ao longo desses dois anos foram 72 cursos, palestras e/ou aulas na pós-graduação falando sobre corrida, com, aproximadamente, três mil alunos envolvidos no processo. Com essa visão de mercado pude captar as necessidades e a realidade de cada mercado de corrida no Brasil.

Durante as aulas, perguntava aos alunos o que eles gostariam de encontrar em um livro de corrida, fator fundamental para que este livro fosse completo para eles. Com isso, as informações contidas neste livro são um reflexo de anos de prática, centenas de horas de estudo, pesquisa e ensino voltados a responder às perguntas dos profissionais que trabalham com corrida, ou melhor, voltados a ajudar no sucesso dos profissionais que trabalham com a corrida.

Tomo a liberdade de dizer a você, leitor, que, cada vez mais, se faz necessário unir a experiência prática com as ciências; dessa maneira, você se tornará um profissional mais técnico, questionador, criativo e apto a bons resultados.

Esta obra aborda de forma simples, rápida e objetiva os elementos essenciais para a construção de uma sessão de treinamento de corrida, com bases pedagógicas, fisiológicas e mecânicas, para que o seu desempenho tenha mais sucesso e seus alunos possam cada vez mais ter um resultado eficiente e seguro com o treinamento.

Desejo a todos uma boa leitura por essas ruas do conhecimento e quilômetros de informação.

Alexandre Fernandes Machado

Prefácio

Coube a mim a responsabilidade, a honra e a grande satisfação de escrever este prefácio. Tal convite foi recebido com muita alegria já que a apresentação desta obra e seu respectivo autor são elementos devidamente plenos de reconhecimento mercadológico, uma vez que condiz e compactua com a visão geral do mercado.

Observamos o crescente número de praticantes de corrida ao longo das últimas décadas. Esse crescimento foi acompanhado pelo aumento de serviços, produtos, eventos e incremento da indústria relacionada a essa realidade.

Tal demanda fez que mais profissionais se preparassem devidamente para oferecer serviços mais consistentes e adequados à expectativa desse cliente, que passou a utilizar a corrida como meio de promoção da saúde, controle da composição corporal, meio de socialização e até mesmo participação em eventos competitivos de corrida.

Trabalhar com corrida passou a ser um negócio de alta perspectiva para o desenvolvimento profissional, humano e para a geração de lucros. Todavia, para tanto, o profissional moderno teve de se atualizar não somente em assuntos técnico-científicos como também de ordem mercadológica, já que a dinâmica de gestão dos atendimentos necessitou de bases de informações da gestão de negócios, gestão de pessoas e de relacionamentos, além de oferecer tudo o que se tem de mais recente no universo da corrida.

O professor Alexandre Machado é um dos pouco profissionais deste mercado que conseguiu integrar o conhecimento científico às questões mercadológicas, estabelecendo um cenário favorável aos profissionais que buscam um caminho para compor o seu formato de trabalho que apresente o foco em corrida.

A obra *Corrida: manual prático do treinamento* é um excelente exemplo da qualidade de produção do autor, que conseguiu por meio deste trabalho compartilhar conhecimentos, informações e orientação de caminhos para os profissionais que almejam trabalhar neste segmento, como também para quem já desenvolve experiências e deseja continuar seu processo de transformação para melhor.

Desde os primórdios tempos de minha carreira, tive um envolvimento e dedicação para o setor de prescrição de corrida. Consigo enxergar com clareza que o diferencial do professor Alexandre Machado, como um dos principais provedores de conhecimentos e experiências como treinador, relacionadas à corrida no Brasil, que traduziu nesta obra um verdadeiro meio de disseminação de informações de alta qualidade, sendo, sob o meu ponto de vista, uma leitura obrigatória para todos os profissionais de Educação Física.

Professor Luís Otávio S. Moscatello (Tavicco).[1]

---

[1] Professor licenciado em Educação Física – UNISA (1987); pós-graduado em Treinamento Esportivo pela FMU e em Fisiologia do Exercício (EPM – 1990); Profissional do ano 2007/2008 – Prêmio Top FIEP (Federação Internacional de Educação Física); Profissional do Ano 2006 (ENAF) – categoria Educação Física; diretor pedagógico e de conteúdo da Fitness Brasil; consultor técnico em projetos relacionados a *Fitness* e *Wellness*; professor e coordenador dos cursos de pós-graduação da FMU e Cefise; autor dos *softwares*: Running for Welness e Treinamento Individualizado. com.br; introdutor do conceito de programação de treinamento personalizado no Brasil; treinador de corrida desde 1986; ministrou mais de 850 cursos por todo o Brasil, Argentina, Uruguai, Paraguai, Espanha e Estados Unidos.

Sumário

1 | O mercado da corrida 19
2 | Mecânica 29
3 | O treinamento... 49
4 | Aprendizagem da técnica da corrida.. 85
5 | Treinamento complementar..101
6 | Periodização 151
7 | Avaliação 195
Referências...203

O mercado da corrida 1

Em março de 2009, a corrida de rua foi eleita pela revista *Isto É* o segundo esporte mais praticado nas metrópoles brasileiras. Há quem diga que o sucesso da corrida está em sua simplicidade, uma vez que basta calçar o tênis e se está pronto para a prática da corrida.

No entanto, existe uma grande diferença entre correr e sair correndo, pois o correr envolve uma ciência voltada para a prática do esporte denominado corrida, seja ela de longa ou de curta distância; e o sair correndo, não.

O esporte corrida começou a popularizar-se a partir da década de 1970 com as publicações do médico e pesquisador Kenneth Cooper (Cooper, 1968), que desenvolveu um método simples de avaliação da componente cardiorrespiratória, na época utilizado por muitos esportistas de todas as modalidades, como o famoso *Teste de Cooper* de corrida. Nos EUA, milhares de norte-americanos tornaram-se adeptos da prática do *jogging* (corrida de baixa velocidade); já no Brasil, a corrida foi utilizada na preparação da Seleção Brasileira de Futebol, que conquistou a Copa do Mundo de 1970.

Segundo Silva (2009), após o lançamento da metodologia de condicionamento pelo *Teste de Cooper*, o esporte virou febre nos EUA e, hoje, cerca de 30 milhões de norte-americanos praticam o *jogging*. No Brasil, estima-se que existam, hoje, cerca de 5 milhões de corredores – e este número cresce a cada ano.

Pode-se dividir o *boom* da corrida em duas fases: a primeira na década de 1970, com o surgimento do método Cooper; e a segunda, no final da década de 1990, quando este chega ao Brasil com força total nas metrópoles, tendo como destaque São Paulo, chamada de "capital nacional da corrida de rua".

Em meados da década de 1990, nasce a Corpore, organizadora de provas de corrida de rua; com isso, surgem também algumas assessorias esportivas especializadas em treinamento de corrida de rua, constatando-se que, a partir desse ponto, a corrida não para mais de crescer.

A corrida de rua passou a ter cada vez mais destaque na mídia e, por conta disso, o mercado *running* começou a ascender; as empresas, percebendo essa dupla oportunidade de se autopromover por meio de um esporte popular e, também, de incentivar seus colaboradores a participarem de programas de condicionamento físico, começaram a aderir ao programa de treinamento e, hoje, há um cenário consolidado em prol da saúde e do esporte; e ainda, um panorama que reflete o bem-estar com a vida, que faz qualquer mortal se apaixonar e acordar cedo no domingo de manhã e participar de uma corrida com os amigos do trabalho e com os amigos do esporte. Hoje, diz-se que a corrida é mais que um esporte, é um fenômeno social.

Segundo a Federação Paulista de Atletismo, em 2004, foram 146 mil inscritos nas provas de corrida de rua em São Paulo; em 2008, foram 370 mil (*Isto É*, mar. 2009). Ao analisar os números, pode-se confirmar a evolução do esporte no Brasil. A Corpore, em 1994, contava com 3 mil corredores cadastrados e, em 2011, esse número chegou a 335 mil. Em 2002, ela organizou 12 provas/ano e em 2011 foram 58 provas/ano.

Em 2008, ano em que a Corpore teve o maior número de inscritos em suas provas, ela realizou a marca de 30 competições, o que se traduz em uma média de 4 mil participantes por prova – essas informações são apenas de uma única fonte e estão disponíveis no *site* da Corpore[1]. Ao se contabilizar todas as operadoras de eventos no Brasil, como Yescom, Iguana Sports, BR Esfera, entre outras, chega-se, aproximadamente, a 400 eventos por ano. Um mercado que gira mais de 3 bilhões de reais e vem aumentando o número de eventos e participantes por volta de 10% ao ano.

Em 2009, houve 15 mil inscritos em uma única prova em São Paulo, e hoje acredita-se que esses números não vão parar de crescer, pois a corrida de rua ganha adesão de cada vez mais praticantes e mais cidades se ocupam com essa prática esportiva. Das capitais brasileiras que adotaram o estilo *runner* destacam-se: São Paulo, Brasília, Belo Horizonte, Rio de Janeiro, Porto Alegre, Curitiba, Goiânia, Vitória, Salvador, Natal, Fortaleza e Manaus.

Hoje, a corrida é um fenômeno social, todavia, qual será o seu futuro? O que se pode esperar da corrida de rua no Brasil? Como é visto o aumento indiscriminado de assessorias esportivas? O que é importante em um treinador de corrida? Bom, para ajudar a responder a essas perguntas, tomou-se a liberdade de pedir auxílio a alguns amigos treinadores, gestores de assessorias e empresários do setor.

Entre os velhos e novos amigos, todos que atuam no mercado de corrida, como treinadores, gestores de assessoria ou empresários do ramo, estão:

- Prof. Marcos Paulo Reis, da MPR Assessoria Esportiva (São Paulo/SP);
- Prof. Zeca, da ZTrack Esportes (São Paulo/SP);
- Prof. Aulus Sellmer, da 4Any1 (São Paulo/SP);
- Prof. Thiago Ramos, da KM Esportes (São Paulo/SP);

---

[1] *Disponível em: <www.corpore.org.br>.*

- Nelson Evêncio, presidente da ATC São Paulo;
- Sidney Togumi, da UPFIT (São Paulo/SP);
- Prof. Marcelo Rocha, da 2Run (Ribeirão Preto/SP);
- Prof. Luiz Santos, da Maximize Assessoria Esportiva e diretor técnico da ATC-ES (Vitória/ES);
- Prof. Sandro, da Startmove (Campinas/SP);
- Prof. Christiano Markes, da Markes Assessoria (Rio de Janeiro/RJ);
- Prof. Fabiano Pezzi, da Go Runners (Natal/RN).

E alguns empresários do setor como:

- Rogério, da Infinity (Goiânia/GO);
- Ricardo Santos, o Cadu, da Milk Comunicação Integral (São Paulo/SP);
- Seixas, presidente da Proximus – representante da POLAR no Brasil.

Tudo aconteceu por meio de uma conversa bem informal, com foco nos questionamentos citados.

Com relação ao crescimento do mercado, todos concordaram que o mercado não vai parar de crescer, a corrida veio para ficar e logo será o esporte mais praticado em todo o mundo – quanto a esse ponto, todos são bem otimistas. Luiz Santos acrescenta que o público está cada dia mais exigente. Seixas afirma que é o esporte mais praticado no Brasil, em sua opinião; contudo, existem muitos amadores trabalhando com a corrida, seja pelo aspecto técnico ou pelo aspecto da gestão.

Em conversa com Nelson Evêncio, ele lembra que em 2011 foram 298 corridas em São Paulo. Sidney Togumi relembra que, em novembro de 2012, foram 4 corridas na cidade de São Paulo. Com tantas corridas, ocorrendo pelo Brasil, fica mais fácil participar das provas e inseri-las dentro do planejamento de treinamento dos alunos.

Marcos Paulo Reis direciona a resposta para o mercado de assessoria esportiva; de forma brilhante, ele relata não ver ainda as assessorias atendendo a todo tipo de cliente e/ou a todos os níveis de atletas, principalmente os iniciantes. Acredita que haverá cada vez mais nichos no mercado. Hoje, segundo Reis, existe uma demanda muito grande, principalmente para aquele que está começando a correr.

Para os professores, uma preocupação também é crescente: a cada dia, como visto, aumenta o número de praticantes sem orientação, e isso pode, sim, fazer que a corrida se torne uma grande vilã, visto que qualquer atividade física, quando não orientada de forma adequada, pode trazer algum tipo de prejuízo ao seu praticante.

Segundo o treinador Luiz Santos, diretor técnico da ATC-ES, não basta ter um *virtual coach*, pois, o que você julga como um bom atalho pode ser uma armadilha para seus resultados.

Em se tratando de corrida, pode-se destacar, especialmente, a mecânica incorreta, a quantificação de cargas, a aplicação do treinamento complementar (força, funcional e flexibilidade) de forma incorreta e a utilização de equipamentos de forma inadequada, entre outros pontos que podem fazer que o praticante de corrida desorientado possa sofrer algum tipo de lesão e, com isso, desmotivação e afastamento do esporte.

O professor Zeca, da Ztrack, tem uma preocupação muito grande com os treinos presenciais, tanto que umas de suas ações é estar mais próximo dos corredores, oferecendo seus serviços de assessoria em vários parques em São Paulo.

O número de praticantes de corrida aumentou e, em decorrência disso, o tempo médio de prova também foi ampliado. Diante dessa informação, cabe então questionar se esse aumento do tempo médio para finalização das provas vem em função de mais corredores despreparados, ou se o perfil de quem participa das provas está mudando.

Essa discussão é bem polêmica. Em conversa com o Cadu, da Milk, aprofundou-se, sobretudo, acerca do perfil do corredor. Ele afirma que na maior parte das provas os participantes são pessoas cujas características refletem um aspecto mais social e participativo, em que o importante é participar e não melhorar suas marcas.

No entanto, conversando com muitos corredores, pôde-se observar o desejo de, primeiro, concluir a distância da prova e, posteriormente, baixar a marca para a mesma distância; no futuro, constatou-se que almejam aumentar a distância das provas até chegar ao maior desafio, a maratona. E neste ponto vem a pergunta: será que é só participação mesmo?

A impressão que se teve, em consonância com os treinadores Thiago, Sandro, Luiz, Fabiano, Christiano e Marcelo, é que, quando os corredores são comparados, a ação social fala mais alto; mas, quando eles mesmos se comparam, a *performance* e a superação são as componentes mais preponderantes.

Quando se entra no assunto sobre o que esperar da corrida de rua no Brasil, parece que todos já vislumbraram a mesma resposta, pois foi um consenso entre todos de que as provas terão de ficar mais atraentes: desde maior tecnologia nos equipamentos até mais desenvolvimento em pesquisas – fator este intrinsicamente ligado ao aprimoramento das metodologias de treinamento. Dessa maneira, haverá, inexoravelmente, um número cada vez maior de praticantes, o que leva a entrar em um outro ponto da discussão: como gerenciar o aumento indiscriminado do número de assessorias esportivas?

Com a popularização das corridas de rua e o aumento do número de praticantes, aumentou-se a procura por profissionais que atuem na área de treinamento de corrida. Destarte, alguns profissionais migraram de outras áreas para o segmento de corrida de rua.

Quando se fala de assessoria esportiva, tem-se em mente uma empresa com uma estrutura considerável e que possui muitos custos, dentre eles, os impostos; o que acontece é que muita gente oferece o serviço de assessoria sem ser uma empresa, ou seja, não paga os devidos impostos a fim de praticar um preço para o público final bem abaixo do vigente, jogando, dessa forma, o *ticket* médio lá para baixo, travando, assim, uma "guerra sangrenta" em que oferece o mesmo serviço pelo menor preço.

Segundo o professor Aulus Sellmer, gestor e treinador, algumas assessorias têm seu posicionamento bem definido no mercado e, por tal razão, conseguem manter sua carteira de clientes.

Algumas assessorias optam por trabalhar com um preço menor para assegurar os clientes já existentes desse mercado, em vez de tentar atrair futuros corredores, ou melhor, os que ainda não correm e que representam um mercado em potencial, pelo menos dez vezes maior que o número de corredores de hoje. Essa atitude [afirma Nelson Evêncio], só enfraquece o mercado e o torna mais frágil e, a longo prazo, prejudica a todos nós. Seixas enfatiza que algumas atitudes das assessorias são por falta de uma visão empresarial e que os profissionais deste setor necessitam de uma base na área de gestão do negócio.

Marcos Paulo Reis tem um posicionamento positivo e natural quanto ao aumento do número de assessorias, na medida em que se estabelecer no mercado não está fácil, principalmente para os que estão iniciando agora na atividade.

Mesmo com um acervo bibliográfico vasto sobre treinamento de corrida, hoje há, aproximadamente, dezoito obras sobre treinamento de corrida de rua, entre volumes nacionais e internacionais. Cursos de corrida de rua em congressos técnicos, cursos de capacitação e até pós-graduação *lato sensu* para essa modalidade específica.

Contudo, ainda não é o bastante, pois o mercado cresce mais rápido que a capacidade atual de formar profissionais qualificados na modalidade;

com isso, como visto anteriormente, surgem os oportunistas, que tentam, de toda forma, tornarem-se treinadores de corrida sem uma preparação adequada de fato, o que culmina na oferta de um serviço mais barato como estratégia para se fixar no mercado.

Hoje, no Brasil, existem muitos cursos para capacitar os profissionais de Educação Física a atuarem na área de corrida de rua. Nelson Evêncio ressalta a importância dos cursos para ajudar na capacitação desses profissionais e afirma que um ponto importante é que não basta entender, tem de correr também, além de ressaltar que é necessário um curso considerado referência para os treinadores de corrida de rua.

O professor Fabiano Pezzi foi incisivo no tocante aos cursos: ele diz que grande parte deles são superficiais e que o presente cenário da corrida necessita de um conteúdo direto aliado à formação prática e com maior aprofundamento; outro ponto importante para o aprofundamento nos cursos concerne à gestão, aspecto ainda não explorado de forma eficiente.

Marcelo Rocha acrescenta que os cursos são muito parecidos a respeito do enfoque especificamente no volume e dos métodos tradicionais. Luiz Santos, diretor técnico da ATC-ES, ressalta que os professores não se preocupam com as dúvidas dos alunos, mas em cumprir a programação pré-estabelecida sem nenhum tipo de flexibilidade no conteúdo programático.

Marcos Paulo Reis afirma que se precisa de mais cursos, até porque a assessoria esportiva é algo recente, e clientes, professores e empresas precisam entender melhor o negócio e se aperfeiçoarem. Seixas diz que é necessário investir em educação para que o mercado possa se expandir cada vez mais.

Quando o assunto chegou ao último ponto escolhido, que trata do que é importante em um treinador de corrida, houve novamente um consenso em que todos, treinadores, gestores e empresários do setor, concordaram que um bom treinador deve ter: conhecimento teórico/prático, boa postura, atitude assertiva, conduta socializadora, além de representar um exemplo para os seus alunos.

Mecânica 2

Durante a corrida, ambos os pés saem do chão (fase aérea) imediatamente depois do apoio terminal de um lado (fase de impulsão) e antes do contato inicial do outro lado (fase de aterrissagem). Durante este processo, é necessário haver mais força para gerar o movimento com mais velocidade.

A proposta neste capítulo é apresentar uma abordagem pela Cinesiologia – ciência do estudo do movimento e das estruturas passivas e ativas envolvidas – e da Biomecânica – ciência da ação das forças, internas e externas no corpo vivo. Divide-se este capítulo em quatro pontos, a saber: (1) músculos do corredor; (2) mecânica da corrida; (3) postura durante a corrida; e (4) tênis de corrida.

2.1 Anatomia funcional da corrida

Pode-se definir *movimento* como a modificação do ângulo entre segmentos corporais ou a readaptação da posição do corpo. Já *motricidade humana* pode ser definida como a qualidade do movimento ao reagir a estímulos internos e externos por meio do aparelho motor sob a forma de movimento. Os movimentos podem ser divididos em três tipos: reflexos, voluntários e rítmicos.

- **Movimentos reflexos**

São menos complexos e desencadeados por uma ordem motora direta da medula sem recorrer ao encéfalo. São movimentos integrados na medula espinhal (Figura 2.1).

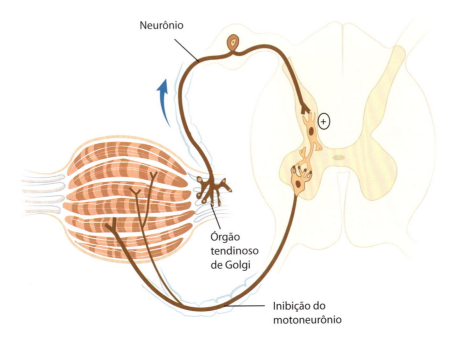

FIGURA 2.1 – Mecanismo dos movimentos reflexos.

- Reflexos posturais

São integrações sensitivas provenientes dos centros vestibulares, visuais e também dos próprios grupos musculares, mantendo a posição corporal ao se ficar parado ou em movimento (Figura 2.2).

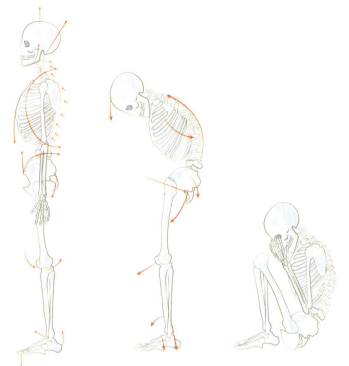

FIGURA 2.2 – Integração dos reflexos posturais.

- Movimentos voluntários

São movimentos mais complexos, que requerem integração no córtex cerebral e podem ser iniciados sem estímulos externos. Os movimentos voluntários aprendidos podem ser aperfeiçoados com a prática, e alguns podem tornar-se involuntários (automatizados) em função da memória motora.

Quando necessário, origina-se um estímulo corretivo que atinge o córtex, alterando a ordem motora de acordo com as necessidades do aparelho locomotor. O córtex motor pode enviar estímulos de correção de acordo com outros estímulos, como os sonoros e os visuais (Figura 2.3).

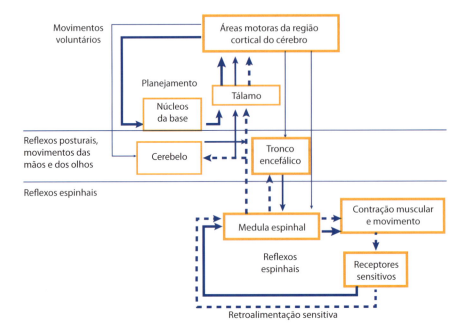

FIGURA 2.3 – Mecanismos dos movimentos voluntários.

- **Movimentos rítmicos**

São uma combinação de movimentos reflexos e voluntários; a caminhada e a corrida fazem parte do processo. Os movimentos rítmicos precisam ser iniciados e terminados com informações do córtex cerebral. A atividade rítmica do músculo esquelético é mantida por grupos de neurônios espinhais até que seja interrompida por sinais provenientes do encéfalo.

Todo movimento é gerenciado pelo córtex; quando os estímulos são excessivos ou reduzidos levam a um padrão de movimento inadequado à modalidade esportiva. Na corrida é muito comum observar pessoas correndo com um padrão de movimento inadequado e que terão uma *performance* inferior ao que poderiam ter com um melhor padrão de movimento. Ao longo do tempo, o movimento inadequado poderá trazer algum tipo de lesão.

2.1.1 Os músculos

Os músculos são os tecidos responsáveis pelo deslocamento do corpo humano, tanto os voluntários como os involuntários. Os músculos se caracterizam pela capacidade de contração e de extensão de suas fibras. A contração ocorre a partir do estímulo elétrico que, por sua vez, causa uma série de reações que resulta no movimento.

Os músculos esqueléticos são responsáveis diretos pelo movimento do ser humano, pois geram uma ação direta nos ossos em que estão inseridos, gerando, com isso, deslocamento do corpo. Os músculos também controlam a postura do ser humano.

Pode-se dividir os músculos em dois grandes grupos, sendo eles:

- *Flexores* – Em geral são longos, suas fibras são menos numerosas que os extensores e envolvem grande deslocamento direto e rápido.
- *Extensores* – Em geral são curtos, com fibras bem numerosas. São potentes, estáticos, econômicos, favoráveis à manutenção da postura e dotados de uma contração excessiva.

O ser humano possui um pouco mais de 600 músculos, sendo utilizados na corrida mais de 200, entre motores primários, estabilizadores e antagonistas ao movimento.

Na corrida, em particular, os músculos mais exigidos são os dos membros inferiores, seguidos dos músculos do braço e do tronco. Cada músculo apresenta uma função específica e de igual importância para o conjunto da corrida.

Pode-se dividir a corrida em quatro fases distintas e identificar o grupo de músculos com maior importância para cada fase.

(1) aterrissagem: músculos dos membros inferiores e tronco;

(2) músculos dos membros inferiores, tronco e braços;

(3) membros inferiores e braços; e

(4) membros inferiores e tronco.

Levando em consideração os movimentos da corrida, os membros inferiores podem ser divididos em dois tipos de ação, sendo eles:

(i.) membro de apoio, o que está no solo e faz a impulsão para a frente e;
(ii.) membro de oscilação, o que está fora do solo e é projetado para a frente gerando maior equilíbrio e deslocamento do corpo.

Quando o membro de oscilação toca o solo, ele se transforma em membro de apoio, e assim sucessivamente.

Os músculos com maior participação na fase de apoio são: o quadríceps, que se contrai para minimizar o choque na aterrissagem e que faz o movimento de extensão para impulsão, e o glúteo máximo, que atua na extensão da coxa e também a leva para trás, ajudando na fase de impulsão. O glúteo máximo atua também na manutenção da postura durante a corrida.

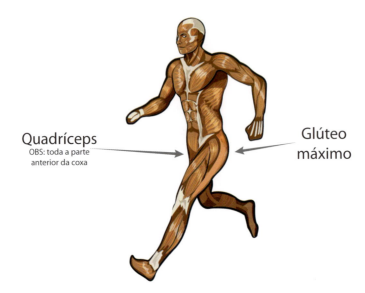

Figura 2.4 – Músculo quadríceps e glúteo durante a corrida.

O quadríceps é um dos maiores músculos do corpo humano e é dividido em quatro músculos: reto femoral, vasto medial, vasto lateral e vasto intermediário. Como um músculo extensor sua principal função é a extensão da coxa. Dentre os músculos do quadríceps, o reto femoral tem uma função dupla, pois auxilia também na flexão da coxa.

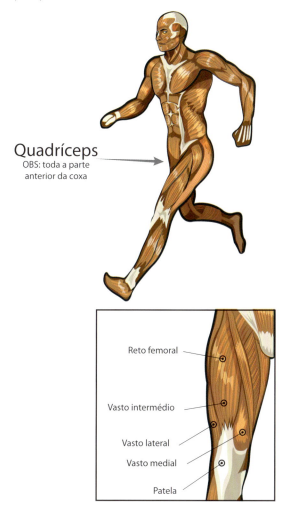

FIGURA 2.5 – Os músculos que formam o quadríceps.

Após a fase de impulsão, os músculos atuantes passam a ser os flexores da coxa. O principal flexor é o psoasilíaco. O reto femoral, o tensor da fáscia lata e o pectínio se contraem para trazer a perna de impulsão para frente.

Dentre os músculos que fazem a flexão da perna, tem-se o bíceps femoral (porção longa e porção curta), o semimembranoso e o semitendinoso. Este grupo de músculos atua também na extensão do quadril.

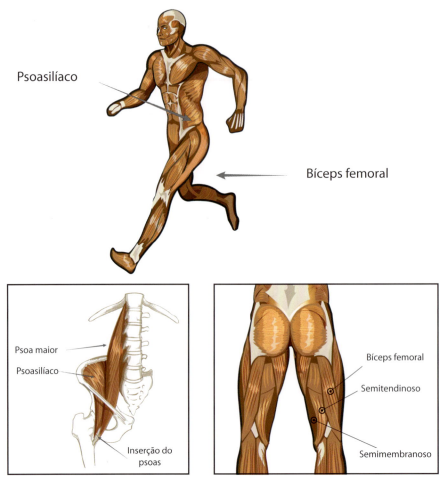

Figura 2.6 – Músculos psoasilíacos e bíceps femoral.

Os músculos abdominais e dorsais servem para manter o equilíbrio do corpo. Dentre os músculos abdominais, os mais importantes são os músculos oblíquo interno e oblíquo externo e o reto do abdômen, que flexiona o tronco. Já entre os músculos dorsais, temos: músculos iliocostal, grande dorsal, ambos atuando na extensão da coluna e na flexão lateral.

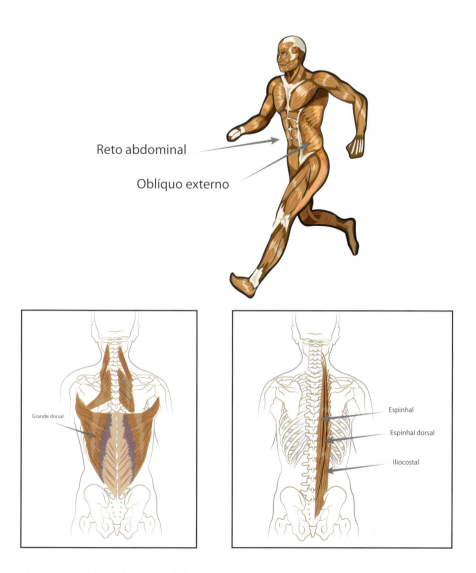

FIGURA 2.7 – Músculos reto abdominal e oblíquo externo.

Entre os membros superiores, os músculos mais utilizados são o deltoide (anterior e posterior), o bíceps braquial, o braquial anterior e os flexores dos dedos. O deltoide anterior faz o movimento do pêndulo para frente, e o deltoide posterior faz o movimento do pêndulo para trás. Na flexão do antebraço, os músculos de maior ação são o braquial anterior e o bíceps braquial, ambos com a função de flexionar o antebraço.

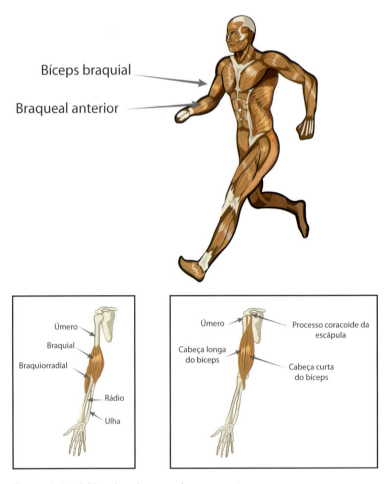

FIGURA 2.8 – Músculos dos membros superiores.

2.1.2 Mecânica da corrida

A corrida é uma das formas mais antigas de locomoção do homem e, para uma abordagem do treinamento correto, deve-se conhecer o seu sistema mecânico. Tanto a corrida como a caminhada são modelados biomecanicamente por sistemas diferentes: a corrida modelada compreende o sistema *bouncing ball*, diferente da caminhada, que é modelada pelo sistema *rolling egg*. O sistema *bouncing ball* é caracterizado por grandes trocas de energia cinética e elástica dos músculos e tendões, ao passo que no sistema *rolling egg* a troca de energia ocorre de forma mais suave (Monteiro e Araújo, 2001).

O sistema *bouncing ball* requer uma ação muscular mais eficaz para manter o movimento no corpo do que o mecanismo *rolling egg ou* pêndulo invertido (Cavagna, 2006). Essa linha de raciocínio permite pensar que em dado momento o indivíduo deixa de caminhar e passa a correr em razão do aumento da frequência e da amplitude da passada.

Durante a corrida, o pé não consegue permanecer em contato com o solo, caracterizando, assim, a fase aérea. A dificuldade de se determinar a velocidade exata da transição entre caminhada e corrida pode ser em razão do modelo de análise, pois a energia da caminhada é convertida no modelo de pêndulo invertido e a energia da corrida no modelo de ação de mola. Uma alternativa seria a utilização de modelos híbridos que apresentem ambos os componentes, elasticidade e pendular.

Na corrida existe uma fase chamada aérea, na qual não ocorre nenhum tipo de contato com o solo; e outra fase chamada apoio ou suporte, em que somente um pé está em contato com o solo (Durward, Baer e Rowe, 2001). A corrida de baixa velocidade é denominada *jogging* e a corrida de alta velocidade é chamada *sprinting*.

A mecânica da corrida pode ser dividida em quatro etapas (Figura 2.9):

(A) aterrissagem ou impacto, momento em que o pé toca o solo;

(B) *transição do peso e propulsão*, momento em que o corpo faz uma ação de mola, recebendo o peso do corpo e o transformando em energia elástica;

(C) *propulsão* ou *decolagem*, momento em que o corpo decola e começa a sair do chão; quanto melhor a fase de propulsão, mais eficiente será a fase área; e

(D) *voo* ou *fase aérea*, momento em que os dois pés não estão em contato com o solo.

FIGURA 2.9 – Fases da corrida, a saber: (A) aterrissagem, (B) transição, (C) propulsão e (D) voo.

Durante a aterrissagem, o primeiro terço do pé toca o solo recebendo a carga do impacto, sendo transferida para o último terço do pé de forma eficiente, transformando, assim, a força de impacto em propulsão. A este momento damos o nome de decolagem.

Durante a corrida, os braços são importantes, pois eles se movimentam em oposição às pernas, proporcionando uma ação coordenada dos membros superiores (MMSS) e dos membros inferiores (MMII). O ritmo da corrida, além de ser influenciado pela coordenação dos MMSS e MMII (Figura 2.10), sofre uma interferência direta da amplitude e frequência da passada, que são dependentes da fase aérea e terrestre da corrida.

É uma tendência natural os braços aumentarem o trabalho em função do aumento da velocidade da corrida. Os braços, além de terem uma relação direta com a velocidade da corrida, ajudam a levantar o corpo do solo, favorecendo, com isso, a fase aérea da corrida. Embora não auxiliem no deslocamento para frente, sua ajuda extra é de extrema importância na velocidade atingida durante a corrida.

FIGURA 2.10 – Coordenação entre MMSS e MMII durante a corrida.

A velocidade da corrida é um produto da passada e da frequência da passada. A amplitude da passada é a distância de impulsão da fase aérea mais a distância de chegada ao solo; e a frequência da passada é o número de passadas executadas em determinada unidade de tempo.

A velocidade da corrida tem maior dependência da amplitude da passada do que da frequência da passada (Durward, Baer e Rowe, 2001). O que nos leva a uma linha de raciocínio lógica que, para aumentar a velocidade da corrida em um aluno ou em um atleta basta trabalhar a mecânica da corrida, ou seja, aumentar a amplitude da passada.

Existe uma limitação física para o aumento da velocidade pelo aumento da amplitude da passada, que é de 25 km/h, e, após essa velocidade, a tendência natural é que durante a corrida se atinja um platô ou, conforme aumenta a frequência do passo, obtenha-se uma redução da amplitude da passada e, consequentemente, uma diminuição da duração do ciclo da fase aérea e terrestre (Dillman, 1975).

A amplitude da passada (AP) está relacionada à estatura (EST), ao comprimento dos membros inferiores (CMI) e também ao gênero do atleta, que irão influenciar diretamente na economia da corrida (ECO). Em um experimento realizado por Kruel et al. (2007), observou-se que ECO apresentou valores semelhantes para correlações com a massa corporal (MC) e a EST para as velocidades de 12 e 14 km/h. Quando comparado às variáveis de AP e EST, a correlação não foi significativa para as velocidades de 12 e 14 km/h, caracterizando uma melhor adaptação fisiológica para a velocidade de 12 km/h (Kruel et al., 2007).

Quanto maior o comprimento do membro inferior (CMI), maior será a AP e menor será o VO_2 máximo para uma mesma velocidade, caracterizando uma melhor ECO (Saunders et al., 2004). Outro ponto muito discutido na literatura é a relação inversa entre MC e VO_2 submáximo; o VO_2 diminui com a aumento da MC, indicando uma maior ECO para os indivíduos mais pesados (Margaria et al., 1963; Cavagna, 2006).

Entretanto, observa-se que os melhores desempenhos são obtidos por indivíduos com menor MC, pois a maior MC pode caracterizar maior trabalho energético para manter o trabalho muscular e, com isso, maior desgaste, o que pode levar a um estado de fadiga mais rápido do que indivíduos com menor MC (Bishop et al., 2006).

Um fator de suma importância é a análise mecânica do corredor, que pode ser feita de forma subjetiva por meio de uma observação do treinador. Para isso é importante prestar atenção aos detalhes da dinâmica da corrida para uma melhor análise da eficiência mecânica (Machado, 2011). Entre os pontos observados estão: os pés, os tornozelos, os joelhos, os braços, os cotovelos, os ombros e a cabeça.

- *Pés* – Procure usar totalmente os pés, do tornozelo até a região central, pois conforme ocorre a transição do peso do corpo sobre o pé (movimento *bouncing ball*), o corredor terá uma propulsão maior na fase aérea da corrida.
- *Tornozelos* – Mantenha-os relaxados para uma transição suave do peso do corpo sobre o pé e também para diminuição do impacto do solo sobre as articulações, como tornozelo, joelho e quadril.
- *Joelhos* – Durante a passada, erga o joelho, pois isso irá proporcionar um melhor movimento de pêndulo durante a corrida e, consequentemente, maior propulsão e menor impacto sobre o solo.
- *Braços* – Os braços e as pernas devem se movimentar no mesmo ritmo para manter o equilíbrio dinâmico da corrida; devem estar soltos e relaxados, mas não podem ultrapassar a linha medial do corpo.
- *Cotovelos* – Os cotovelos devem estar soltos para permitir um movimento de pêndulo perfeito dos braços, pois os braços e as pernas devem estar no mesmo ritmo.
- *Ombros* – Para um perfeito movimento de pêndulo, os braços devem acompanhar o ritmo das pernas e os ombros devem estar soltos, relaxados e paralelos ao solo.
- *Cabeça* – A cabeça é fundamental para a postura correta: mantenha o olhar para frente, em direção ao horizonte; com essa postura fica mais fácil manter ombros, braços, joelhos e pés atuando de maneira correta.

O recomendado seria uma avaliação da cinética do movimento pela captura da imagem e análise, porém, em função da dificuldade operacional desse recurso, utiliza-se, particularmente, em uma assessoria esportiva, um modelo bem simples de avaliação subjetiva para avaliar os alunos no dia a dia.

É possível trabalhar com cinco parâmetros, sendo eles: posicionamento da cabeça, posicionamento dos braços, elevação dos joelhos, amplitude da passada e aterrissagem, em que são avaliados da seguinte forma: ruim (vícios constantes); regular (vícios inconstantes); e bom (sem vícios).

Após identificado o(s) ponto(s) que necessita(m) maior atenção para otimizar a mecânica da corrida, determinam-se os exercícios que serão utilizados como treinamento complementar para a mecânica da corrida, podendo ser exercícios do *core*, coordenativos e educativos.

Exemplificando: em um caso hipotético, identifica-se que o aluno está com a cabeça, os braços e a elevação dos joelhos com vícios constantes (ruim).

Para este aluno em específico, prescreve-se:

- Exercícios de prancha ventral e dorsal, para melhorar o posicionamento da cabeça;
- Exercícios coordenativos de braços e pernas, para otimizar os movimentos dos braços; e
- Exercícios educativos que explorem a elevação dos joelhos, visando à sua otimização.

Observação: Esses exercícios devem ser realizados antes da parte principal do treinamento.

2.1.3 Postura durante a corrida

A postura durante a corrida deve se ajustar ao corredor e ao seu ritmo (Margaria et al., 1963). A postura inadequada durante a corrida causará uma perda na eficiência mecânica que levará a uma fadiga precoce (Cavagna, 2006).

Para um aprimoramento da postura, deve-se fazer uso dos exercícios educativos; além deles ajudarem no aprimoramento da mecânica da corrida, irão fortalecer os músculos responsáveis pela postura, podendo ser utilizados como forma de aquecimento antes das sessões de treinamento (Machado, 2011).

Para muitos, correr e sair correndo é a mesma coisa, o que não é verdade. O ato de correr exige uma série de técnicas, enquanto sair correndo exige pura e simplesmente força de vontade do indivíduo (Machado, 2011). A postura adequada é importante para melhor eficiência mecânica, o que permite maior economia de energia para o movimento realizado.

Conforme a distância e a velocidade aumentam, pequenos erros na postura ficam mais evidentes e, com isso, causam maior desperdício de energia, o que pode levar a uma fadiga precoce (Bishop et al., 2006). Para uma melhor eficiência mecânica é necessário analisar a mecânica dos pés à cabeça, levando em consideração a individualidade biológica de cada um. Para isso, pode-se aplicar uma análise básica da postura descrita, a seguir, em três fases distintas (Machado, 2011):

- *Passada: quanto à amplitude da passada* – ela deve se ajustar à estatura do indivíduo. Pessoas mais altas têm uma amplitude maior que as pessoas mais baixas; quando essa regra não é respeitada, observa-se uma desarmonia da postura durante a corrida. *Quanto à frequência da passada* – ela deve se ajustar diretamente com a amplitude, pois pequenas amplitudes exigem maior frequência das passadas, o que irá causar um apoio maior sobre os dedos dos pés, acarretando, assim, maior elevação dos joelhos e um movimento dos braços mais vigoroso.
- *Tronco:* para melhor eficiência da respiração, amplitude e frequência da passada é necessário que o corredor mantenha a postura ereta, ou seja, tronco reto e cabeça reta, olhar sempre para a frente.
- *Tensão:* a postura durante a corrida deve ser relaxada – correr sob tensão muscular é como se algo estivesse travado, o que acarretará diminuição da *performance*.

O treinamento 3

3.1 Os reis da rua

Não é novidade que os quenianos são os maiores corredores do mundo, conhecidos mundialmente como os "reis da rua", pois são, sem dúvida, a maior potência em corrida de rua do mundo. No continente africano, o Quênia é o melhor país colocado no *ranking* de medalhas olímpicas, com 75 ao todo, sendo 71 no atletismo e 4 no boxe. Os números são muito expressivos, pois, dos 100 maratonistas mais rápidos do mundo, 63 são quenianos; dos 10 meio maratonistas mais rápidos do mundo, 8 são quenianos; e dos 13 melhores corredores de rua do mundo, 12 são quenianos.

E não é só a influência genética, o meio ambiente também influencia muito, pois repare, o Quênia é um país pobre com pouco investimento em transporte público, e o que isso tem a ver com a corrida? Ora, o meio de deslocamento mais antigo do homem é a corrida e, no Quênia, é o mais utilizado. As crianças quenianas de apenas 7 anos vão para a escola, que fica a 5 ou até mesmo 8 km, correndo, isso todos os dias, ida e volta. Quando, essas crianças atingem seus 17 anos elas terão um volume de treinamento de base muito grande, e essa é a maior arma dos quenianos. Outro ponto importante é a sua localização; fica no vale do Rift, com uma altitude média de 2.400 metros acima do nível do mar. O vale é rodeado por montanhas e o ponto mais alto do país atinge mais de 5 mil metros no monte Quênia.

Todos sabem que os nativos de grandes altitudes terão uma vantagem fisiológica sobre os demais adversários em provas de resistência. Eles também exploram muito os treinos com aclives e declives, o que faz toda a diferença na hora da prova, pois aumenta a força e permite que se imprima um ritmo mais rápido em provas com o percurso mais plano.

Na São Silvestre de 2011, quando perguntado a uns dos competidores quenianos como era a semana de treino dele lá no Quênia, ele respondeu que basicamente consistia em dois treinos diários, sendo que, durante a semana, os treinos diversificavam-se: na segunda-feira, treino de ritmo; na terça-feira, treino de velocidade em pista; contínuo progressivo com descanso no período da tarde na quarta-feira; *fartlek* na quinta-feira; contínuo progressivo com descanso no período da tarde na sexta-feira; já no sábado, o longo podia chegar a 42 km, com descanso no período da tarde; e no domingo, o *day off*, descanso total.

3.2 Bases do treinamento

O treinamento esportivo é o conjunto de procedimentos utilizados na preparação de pessoas e/ou atletas para as diversas opções de exercício físico, seja no alto rendimento, lazer ou educação (Tubino e Moreira, 2003). O treinamento resume-se, principalmente, em exercícios que influenciam, diretamente ou não, a modalidade esportiva.

Os exercícios físicos utilizados como meio de treinamento podem ser divididos em quatro categorias:

- *Preparação geral:* exercícios responsáveis pelo desenvolvimento funcional geral do organismo. Asseguram uma preparação de base concreta, possibilitando um desenvolvimento harmonioso do organismo.
- *Preparação complementar:* exercícios responsáveis que aprontam o organismo para a preparação específica.
- *Preparação específica ou especial:* estes exercícios formam a maior parte do treinamento. São exercícios que possuem uma estrutura de intensidade e de volume próximos a das atividades de competição.
- *Preparação para competição:* realização de exercícios idênticos às atividades de competição ou de exercícios que estão muito próximos à competição, respeitando as regras e as limitações próprias dos campeonatos.

O desenvolvimento e o aperfeiçoamento da condição física fundamentam-se em um processo com um conjunto de leis que constituem uma espécie de guia para os profissionais da área de preparação física, denominado Princípios do Treinamento Desportivo. O aumento do condicionamento físico ocorre como resultado de uma série de repetidas sessões de exercícios físicos. As adaptações causadas no organismo pelo exercício serão planejadas de forma detalhada e estruturada, respeitando seus princípios (Verkhoshansky, 1996).

A utilização dos Princípios do Treinamento Desportivo, durante a montagem do programa de treinamento, permite que o professor possa adaptar os métodos em treinamentos já existentes, observando as necessidades de cada aluno ou atleta (Dantas, 2003).

Não existe método de treinamento aplicado de forma isolada que irá melhorar a condição física do atleta. Para que um programa de treinamento seja bem-sucedido, deve-se seguir os Princípios do Treinamento Desportivo (Maglischo, 2010).

Pode-se dividir os princípios do treinamento em seis, sendo eles:

- individualidade biológica;
- adaptação;
- sobrecarga;
- volume *versus* intensidade;
- continuidade
- especificidade.

3.2.1 Princípio da individualidade biológica

O ser humano deve ser considerado como a soma do genótipo mais o fenótipo; com isso, entende-se que as potências são determinadas pelo genótipo e as capacidades são determinadas pelo fenótipo (Bompa, 2002).

- *Genótipo*: a herança genética determina em grande parte a resposta do treinamento aeróbio e anaeróbio. A tipologia de fibras é um dos principais determinantes da *performance* e da adaptação no organismo, pois um indivíduo com um percentual de fibras rápidas predominantes no organismo responderá de forma mais eficiente ao treinamento de potência e de velocidade, enquanto que um indivíduo com um percentual de fibras lentas predominantes responderá de forma mais eficiente ao treinamento de resistência (Maglischo, 2010).

Sem dúvida, para a formação de um atleta de alto nível a genética faz toda a diferença, contudo, pensando em condicionamento físico voltado para a saúde, isso quer dizer que mesmo que o nosso aluno não tenha a genética favorecendo determinada capacidade física, ele será capaz de desenvolvê-la e aperfeiçoá-la.

- *Fenótipo*: O nível de condicionamento tem um papel fundamental para o desenvolvimento da forma física, uma vez que indivíduos que estão muito tempo sem uma prática regular de exercícios físicos tendem a ter uma velocidade de desenvolvimento maior do que aqueles que já estão em atividades físicas regulares. Esse aumento é mais evidente nas primeiras doze semanas de treinamento para aqueles que estão iniciando ou retornando à prática regular de exercícios físicos (Machado, 2011). Posteriormente a esse período de evolução da condição física de forma rápida, a maioria estabilizará a condição física ou terá progressos menores, em razão de estar trabalhando no limite fisiológico do organismo.

Em virtude do aumento da prática de exercícios físicos, torna-se mais difícil a melhora da condição física do praticante, caso ele não tenha uma modificação na metodologia de trabalho e na manipulação das cargas de treinamento, de forma a provocar estímulos diferenciados no organismo.

Com efeito, os indivíduos que treinam de forma consciente, planejada e orientada irão se sair melhor na evolução da condição física em comparação aos indivíduos que não têm nenhum tipo de planejamento e acompanhamento orientado.

3.2.2 Princípio da adaptação

O princípio da adaptação é regido pela lei da ação e da reação; para cada estímulo (ação) sofrido pelo organismo, ele terá uma reação diferente. Para que ocorra a adaptação, o organismo deverá trabalhar em um nível metabólico mais elevado. Cada intensidade de estímulo gera uma resposta do organismo, cujos estímulos fracos não acarretam nenhuma alteração; estímulos médios apenas excitam; estímulos fortes causam as adaptações almejadas; e os estímulos muito fortes causam danos ao organismo (Dantas, 2003).

Entre os estímulos, ou estresses como são denominados, podem ocorrer dois tipos: o estresse positivo, que provoca uma adaptação biopositiva (eustresse); ou o estresse negativo, que provoca uma adaptação bionegativa (distresse). Foi observado que um conjunto de estresses positivos proporcionava uma adaptação orgânica chamada de Síndrome da Adaptação Geral (SAG); essas adaptações são compostas por três fases descritas a seguir (Selye, 1956).

- *Fase de alarme:* é quebrada a homeostase do organismo quando ocorre uma excitação, sem, contudo, provocar uma adaptação em razão de o estímulo ser de baixa intensidade.
- *Fase de resistência:* geralmente ocorre com uma sequência de estímulos ou com um estímulo de intensidade considerável, a ponto de provocar danos; todavia, o organismo consegue se restabelecer após um período de recuperação. Nesta fase é que ocorrem as adaptações biopositivas.
- *Fase de exaustão:* ocorre em decorrência de um estímulo muito forte, gerando lesões no organismo, ou também por estímulos aplicados de forma sequencial, sem permitir que o organismo tenha um período adequado de recuperação. Os danos

provocados nesta fase podem ser temporários ou permanentes, gerando, com isso, um estresse bionegativo ao praticante e impossibilitando-o de prosseguir com a prática de exercícios.

A partir deste princípio, é possível classificar as cargas de treinamento em carga ineficaz, de desenvolvimento, de manutenção, de recuperação e excessiva (Ozolin, 1970).

- *Carga ineficaz*: não provoca nenhum tipo de benefício ao treinamento em função de sua baixa intensidade, sendo insuficiente para causar uma adaptação biopositiva.
- *Carga de desenvolvimento*: estas cargas geram uma adaptação biopositiva de magnitude ótima para o praticante de exercícios físicos, tendo como objetivo um desenvolvimento contínuo da condição física, de forma eficiente e segura para o praticante e/ou atleta na sua respectiva modalidade.
- *Carga de manutenção*: estas cargas são inferiores às cargas de desenvolvimento, porém são de suma importância para o treinamento, pois elas permitem a estabilização da condição física para que o praticante e/ou atleta possa(m) continuar no processo de desenvolvimento da condição física. Basicamente, tais cargas firmam o processo alcançado com as cargas de desenvolvimento.
- *Carga de recuperação*: as cargas de recuperação garantem ao organismo o restabelecimento das condições biológicas e são utilizadas após períodos longos de preparação e após competições. São compostas por cargas de volume e de intensidade baixas, garantindo a regeneração dos substratos energéticos gastos durante o treinamento.

Em geral esta última deve permitir uma *recuperação* adequada do organismo, assegurando uma nova carga de treinamento e seu desenvolvimento sobre esta carga.

Na prática, o processo de adaptação deverá envolver três etapas distintas para que obtenha sucesso (Maglischo, 2010): (1) criar a necessidade de adaptação no organismo por meio do treinamento específico; (2) proporcionar uma recuperação adequada ao estímulo imposto; e (3) garantir que o organismo tenha nutrientes corretos e em quantidades ideais; a fim de permitir a total adaptação do organismo.

Após a adaptação do organismo, o mesmo estímulo (treinamento) não será suficiente para continuar a provocar as adaptações e, com isso, surgirá a necessidade de se aplicar uma nova carga de trabalho, seja pela intensidade, volume ou densidade do treinamento, portanto, deve-se aplicar o Princípio da sobrecarga.

3.2.3 Princípio da sobrecarga

Todo estímulo é considerado uma carga para o organismo, e o objetivo de se aplicar uma nova carga (sobrecarga) é atingir determinada forma física; com isso, após a aplicação de uma carga deve-se respeitar alguns critérios (Dantas, 2003) como tempo de recuperação e intensidade da carga aplicada anteriormente, pois, caso contrário, é provável cair em um dos dois tipos de erros: a recuperação excessiva para a carga aplicada e a recuperação insuficiente para a carga aplicada.

A sobrecarga se faz necessária para provocar a adaptação biopositiva do organismo, por três razões básicas: (i) alcançar níveis superiores de adaptação; (ii) produzir quantidades superiores de energia, à medida que as utilizamos; e (iii) otimizar o processo de geração de energia aeróbia e anaeróbia (Platonov, 2008).

A dinâmica do aumento das cargas pode ocorrer de diferentes formas, porém, todas devem ter aumento contínuo e gradual, respeitando as condições orgânicas do praticante e/ou atleta, de acordo com os objetivos. As dinâmicas das cargas podem ter as seguintes características: linear crescente, ondulatória, escalonada e piramidal (Machado, 2011).

A sobrecarga na variável *volume de treinamento* é caracterizada pelo grau de *assimilação do treinamento* do atleta, período dentro do macrociclo em que o atleta ou praticante se encontra e pelos objetivos almejados; a sobrecarga pela *intensidade* é caracterizada pelo período do macrociclo em que o praticante e/ou atleta se encontra(m), pelos objetivos almejados e pela modalidade praticada, e a sobrecarga pela *densidade do treinamento* é caracterizada pelo tempo entre um estímulo e outro.

A quantificação das cargas de trabalho é uma das tarefas básicas e mais importantes do profissional de Educação Física (Machado, 2011). Para uma correta quantificação de cargas de trabalho, devem-se selecionar os conteúdos e combinar as distribuições das cargas ao longo do período de treinamento. Para realizar a distribuição da carga de forma adequada, algumas orientações são necessárias:

- Selecionar cargas de acordo com os níveis de condicionamento dos praticantes e/ou atletas;
- Cumprir de forma adequada o tempo de recuperação em função da magnitude da carga;
- Aumentar de forma lenta e gradativa as cargas de trabalho;
- Repetir o exercício físico com o objetivo de conhecer o processo de regeneração deste;
- Aplicar cargas integradas para um desenvolvimento generalizado;
- Controlar e avaliar constantemente as cargas de trabalho;
- Alternar as cargas de trabalho durante o período de treinamento.

3.2.4 Volume *versus* intensidade

O aumento da condição física é dependente do aumento das cargas de trabalho; e a escolha da incidência do volume, intensidade ou densidade no período determinado de treinamento respeitará a qualidade física trabalhada, o tempo de treinamento e o nível de condicionamento físico (Verkhoshansky, 1996). A carga de trabalho selecionada deve garantir a correta adaptação do atleta para que possa ocorrer o desenvolvimento das capacidades físicas almejadas.

Entende-se como uma variável de *volume* aquela que está direcionada com a distância total percorrida, o tempo total de trabalho, o número total de exercícios; como variável de intensidade aquela que está diretamente ligada às cargas utilizadas, à velocidade de trabalho e à amplitude de movimentos (Verkhoshansky, 1996); e densidade do treinamento os períodos de recuperação entre um estímulo e outro e entre uma sessão de treinamento e outra (Maglischo, 2010).

O praticante não pode treinar semana após semana com a mesma demanda de carga de trabalho e, ainda assim, ter resultados biopositivos. Para que o indivíduo possa ter adaptações biopositivas de forma crescente e constante se faz necessária a manipulação das cargas de trabalho de forma correta, pois a manipulação realizada de forma incorreta vai gerar uma adaptação bionegativa e, consequentemente, não gerará a adaptação esperada.

O método mais simples de melhorar o desempenho do praticante é por meio do aumento da intensidade de treinamento, porém, se o objetivo é melhorar o condicionamento aeróbio, os aumentos na velocidade devem ser monitorados para que o praticante não desvie o metabolismo aeróbio para o anaeróbio. As adaptações conseguidas de forma acelerada com o aumento da intensidade são perdidas rapidamente, pois são apenas ajustes fisiológicos, mas as adaptações estruturais, obtidas com o treinamento de intensidade, permanecem por semanas, até meses, mesmo com um treinamento menos intenso.

A manipulação das cargas que envolve uma progressão do volume de treinamento permite que os praticantes aumentem de forma constante o metabolismo aeróbio e a resistência muscular. A sobrecarga pelo volume permite um desenvolvimento por até 16 semanas, até o ponto de platô do condicionamento, quando será necessária uma manipulação das diferentes cargas para prosseguir com o aumento do condicionamento (Mirwald e Bailey, 1986).

A densidade do treinamento, certamente, é o mais efetivo método para o desenvolvimento da resistência muscular. Os intervalos de recuperação reduzidos aumentam a quantidade de energia fornecida pelo metabolismo aeróbio e a diminuição da participação do metabolismo anaeróbio. Este método é indicado para trabalhar próximo às datas de competições e para o treinamento de ritmo.

A manipulação das variáveis do treinamento deve ser feita de forma consciente e planejada, para que o indivíduo possa ter a progressão no condicionamento físico de forma constante e progressiva, de acordo com os objetivos.

3.2.5 Princípio da continuidade

A preparação física baseia-se em aplicação de cargas crescentes que, automaticamente, vão sendo assimiladas pelo organismo, em que se observa períodos de estresse e períodos de recuperação (Dantas, 2003). Este princípio tem como base uma aplicação de uma nova carga de trabalho antes que o organismo se recupere totalmente da carga anterior, e com a continuidade desses estímulos ocorrerá o fenômeno da supercompensação.

Esse processo, sistematizado e organizado, é conhecido como Princípio da continuidade; este, por sua vez, está diretamente ligado ao Princípio da sobrecarga, pois, sem uma correta aplicação de uma nova carga de trabalho, o condicionamento pode ter um efeito negativo e, com isso, ter uma adaptação negativa ao invés de uma positiva.

3.2.6 Princípio da especificidade

Este princípio surgiu da necessidade de se adequar o treinamento do segmento corporal ao sistema energético e ao gesto esportivo, isso tudo com um único objetivo: o da melhor *performance*. Durante o treinamento, o professor cria situações reais de prova para que se possam avaliar os sistemas metabólico, musculoesquelético e cardiorrespiratório em condições reais e, assim, obter dados mais fidedignos quanto às reais condições de seu aluno (Weineck, 1999).

O Princípio da especificidade baseia-se em adaptações fisiológicas e metabólicas específicas do gesto motor realizado; e as adaptações serão mais eficientes quanto mais próximos da realidade forem os estímulos.

3.3 O planejamento do treinamento

A corrida é uma ciência cheia de detalhes. Para cada treinamento existe todo um conhecimento científico, com a finalidade de tornar o treinamento mais eficiente e seguro para o praticante. Com o intuito de esclarecer aos profissionais, aos praticantes e aos amantes desta modalidade, aqui serão abordados os principais pontos que envolvem esta ciência – a ciência do treinamento desportivo.

O treinamento é estruturado com base em exercícios sistematiza-dos, caracterizando-se como um processo contínuo e organizado pedago-gicamente, com o objetivo de proporcionar o aumento do rendimento do atleta (Machado, 2011). O treinamento implica a existência de um plano em que se determinam os objetivos do atleta e os métodos de treinamento que serão utilizados para que o atleta atinja a *performance*.

A estrutura do treinamento abrange o período de tempo tanto de treinamento como de competições. A planificação do treinamento tem um caráter temporal, portanto, considera um início e um fim do processo de preparação e competições, e estará determinada fundamentalmente pelo calendário competitivo (Forteza de Larosa, 2006).

A estrutura do treinamento desportivo ou periodização do treina-mento desportivo tem como seu idealizador o russo Matveiev. Criada na década de 1960, perdura até os dias de hoje com base no Princípio da supercompensação, criado pelo austríaco Hans Seyle e modificado pelo grande bioquímico esportivo, o russo Yakolev. O cientista russo Matveiev idealizou a periodização do treinamento apoiado em avaliações estatísti-cas do comportamento de atletas de diversas modalidades esportivas da antiga União Soviética, nas décadas de 1950 e 1960.

A periodização do treinamento desportivo pode ser vista como uma divisão organizada e planejada do treinamento anual, semestral, quadri-mestral e/ou trimestral dos atletas, ou seja, obtida com o máximo da con-dição esportiva por meio da dinâmica das cargas de treinamento distribuí-das por períodos lógicos de treinamentos (Machado, 2011).

Esses períodos lógicos de treinamento são distribuídos em três fa-ses: aquisição, manutenção e perda temporal da forma esportiva, ou pe-ríodo preparatório, competitivo e transitório (Machado, 2009). O período preparatório é relativo à aquisção da forma esportiva; o período competiti-vo diz respeito à manutenção da forma esportiva; e o período transitório é responsável pela perda temporal da forma esportiva (Bompa, 2002).

Pode-se então observar que não basta apenas treinar, é necessário planejar a forma, determinar o método de treinamento, delimitar quando e como se quer que a condição física de nosso atleta se eleve de maneira satisfatória, para poder chegar neste momento ao máximo da forma física e, desse modo, conseguir bons resultados de forma estruturada e planejada.

3.3.1 Preparando-se para a competição

Antes mesmo da preparação física, deve-se fazer um levantamento da logística operacional da prova de que se pretende participar, e isso envolve: conhecer o percurso, a altimetria da prova, o tipo de piso, o tempo para chegar ao local de largada, a quantidade média de participantes da prova, a divisão na largada por índice (tempo) e os postos de hidratação (localização e distância entre eles). Essas são algumas das informações que ajudam na hora de elaborar um plano de treinamento para nossos alunos e/ou atletas.

De posse dessas informações, parte-se para uma avaliação física do aluno/atleta para elaborar, com base nas informações da avaliação, um plano de treinamento adequado a seus objetivos e a sua forma física atual, levando sempre em consideração a segurança desses praticantes, para que o treinamento não gere um estresse físico desnecessário e mantendo, assim, sua integridade física (Machado, 2011).

Sabe-se que o estresse físico é parte do treinamento e é fundamental para provocar as adaptações necessárias rumo ao aumento do condicionamento (Ästrand, 1960). O que não se pode é provocar um esgotamento total, levando o aluno/atleta a um *overtrainning* (excesso de treinamento), o que irá acarretar uma diminuição da *performance* e da evolução do condicionamento.

Há um ditado no treinamento que diz o seguinte: "Treinar forte para competir fácil". Na verdade, quer dizer que o empenho durante o treinamento reflete em uma prova tranquila, mas para que isso ocorra é necessária muita dedicação no treinamento e uma alimentação saudável e balanceada.

Correr pode até parecer fácil, basta que você desloque um pé após o outro e depois aumente a velocidade e pronto, você já está correndo. Mas para correr uma prova de 5, 10, 21 ou 42 km, será necessário muito mais que apenas um bom equilíbrio recuperado, e isso inclui toda uma ciência por trás da corrida, como a fisiologia, a biomecânica, a bioquímica, a nutrição e a periodização.

Para aqueles que ignoram a ciência envolvida nesta modalidade e partem para as provas sem um treinamento orientado, baseando-se simplesmente no "eu consigo", a competição poderá se tornar um pesadelo, além de não conseguir terminar a prova e ter uma decepção gigante; certamente, ela não virá sozinha, pois é provável que as dores poderão perdurar por dois ou três dias após a prova em razão do estresse imposto pela aventura, o que não trará boas lembranças e, o que era para ser um dia saudável e divertido, tornar-se-á uma amarga lembrança.

A corrida é emoção, prazer e uma ciência complexa e cheia de detalhes. Para cada planilha de treinamento, cada sessão e cada dia de repouso existe um conhecimento científico, com a finalidade de tornar o treinamento mais eficiente e seguro para o seu praticante (Machado, 2011).

3.4 Corrida de rua

A corrida de rua rompe com a monotonia das esteiras das academias, clubes e condomínios e expõe o praticante a uma variedade de paisagens maravilhosas. Na corrida diurna o principal inimigo é o sol, pois a termorregulação acontece de maneira mais lenta no organismo, o que pode levar a um aumento mais rápido da temperatura corporal interna (hipertermia). Com o aumento da temperatura corporal interna, as enzimas atuarão de maneira debilitada, o que acarretará um atraso no metabolismo e diminuição da potência de trabalho (Gretebeck e Montoye, 1992).

Para evitar esse quadro é importante a hidratação adequada antes, durante e após o treinamento. Lembrando que o treinamento prolongado sob exposição ao sol pode acarretar um quadro de insolação, cujos sintomas são: falta de ar, dor de cabeça, náusea, tonturas, pele quente e avermelhada. O vestuário adequado é a utilização de boné, óculos de sol e roupas claras que não absorvam a luz solar.

Durante à noite, embora não haja sol, temos a poluição, pois nos grandes centros urbanos a concentração de gases, como o monóxido de carbono, é muito maior à noite. Portanto, evite a prática durante os horários de pico da poluição nos grandes centros urbanos, que ocorre das 18h às 20h. Outro fator importante que deve ser considerado pelo praticante é a segurança. Durante à noite redobre a atenção sobre os veículos, prefira sempre correr na pista ao contrário do fluxo de veículos e utilize roupas claras ou de preferência com acessórios reflexivos. Em razão da pouca luz e das sombras provocadas durante a noite, alguns buracos e desníveis podem ficar camuflados, por isso, fique atento ao piso.

3.4.1 Treinamento na esteira

Da rua para a esteira é mais que uma opção e vai além da criatividade, tornando-se uma estratégia altamente motivante para o seu treinamento. Essa variação melhora o condicionamento, aprimora a técnica e permite sair da rotina.

O treinamento na esteira é conhecido como treinamento *indoor*, e é indicado tanto para o corredor iniciante como para os mais experientes. A esteira, por se deslocar sob o atleta, faz que o deslocamento vertical seja maior. Já o treinamento na rua chamado de *outdoor* proporciona um esforço maior, pois o atleta tem que fazer o deslocamento vertical e horizontal e, ainda, vencer a resistência do vento e, dependendo do tipo de terreno, o esforço é ainda maior.

É comum os atletas realizarem os treinos longos nas esteiras, pois este equipamento ajuda a preservar a integridade física do atleta, uma vez que os treinos longos na rua são extremamente exaustivos para as articulações e tendões; os treinos de velocidade e ritmo também são frequentemente praticados em esteira.

No ambiente *outdoor,* os músculos trabalham com maior ênfase e ocorre também a ativação dos músculos estabilizadores, em função das imperfeições do piso ou do tipo de piso. Por haver maior gasto energético em virtude da resistência do ar e do tipo de piso, o consumo de oxigênio e a frequência cardíaca (FC) podem chegar de 10% a 20% a mais que na esteira. O ritmo varia de acordo com o tipo de piso; neste ambiente a variação é muito grande, em virtude dos desníveis encontrados na rua, e isso proporciona um ótimo trabalho de propriocepção da musculatura dos membros inferiores.

Já no ambiente *indoor*, os músculos trabalham com menor ênfase pelo piso ser estabilizado, o que proporciona melhor adaptação e equilíbrio sobre as funções fisiológicas, permitindo um consumo de oxigênio e FC menores para uma mesma velocidade, quando comparados ao ambiente *outdoor*. O ritmo varia de acordo com a imposição da velocidade, as passadas tendem a ser mais longas e constantes pela regularidade do tipo de piso.

Destacam-se algumas vantagens e desvantagens do treinamento *indoor*:

- Vantagens
  - Não tem a resistência do vento, deixando o exercício mais confortável.
  - O equipamento oferece um sistema de amortecimento, diminuindo o risco de lesões por impacto.
  - A máquina tem recursos para controlar a velocidade, distância e inclinação.
  - Na maioria das vezes, as esteiras estão localizadas de frente para o espelho, o que permite a correção da postura durante o treinamento.
  - Fica mais fácil para o professor fazer os ajustes adequados com relação à postura e, também, observar o comportamento das variáveis fisiológicas, como frequência cardíaca e pressão arterial.
  - Não sofre interferência climática, como as chuvas e o frio.

- Desvantagens
  - O treinamento somente na esteira não prepara para as competições.
  - A amplitude da passada fica muito reduzida, não proporcionando uma otimização da mecânica da corrida.
  - No início do treino, o medo de desequilibrar e cair pode provocar tensão e dores.
  - Em ambientes fechados e não aclimatados adequadamente, a desidratação é maior.
  - O desgaste é menor que na rua, o que significa um menor gasto energético.

No treinamento para atletas a esteira tem um papel pequeno, porém importante, pois ela atua mais como um treinamento complementar com o objetivo de evitar que o atleta entre em *overtraining*, e também para quebrar um pouco a rotina do treinamento. Já para os alunos que visam ao emagrecimento ou ao condicionamento é uma boa opção, pois une o funcional ao agradável. Em outras palavras, se você quer correr uma maratona, treine na rua, mas se você corre com o objetivo de perder peso e/ou aumentar o condicionamento, utilize os dois ambientes.

3.5 Tipos de treinamento

3.5.1 Treino longo

Características: intensidade moderada e volume alto. Para iniciantes e indivíduos que querem aumentar o condicionamento, este tipo de treinamento acarreta um aumento de 30% a 50% na carga de volume normal, ou seja, para aqueles que almejam correr 5 km nas competições, deverão correr neste dia de 6,5 a 7,5 km; para as competições de 10 km, o indicado é que se corra de 13 a 15 km.

Para os iniciantes é aceitável que caminhem no meio da sessão. Já para os atletas, este dia de treinamento serve como um ensaio para a competição.

- Volume de trabalho: de 30% a 50% maior que o volume de trabalho atual.
- Intensidade de trabalho: de 60% a 80% da FC máxima.

3.5.2 Treino de estabilidade

Características: intensidade de moderada alta a alta e volume moderado; este treinamento permite que você se adapte a correr no seu ritmo de corrida, ou seja, com a máxima velocidade que o atleta pode correr, por um tempo máximo e com maior eficiência mecânica e metabólica.

- Volume de trabalho: de 30% a 35% menor que o volume de trabalho total atual.
- Intensidade de trabalho: de 80% a 85% da FC máxima.

3.5.3 Treino regenerativo

Características: intensidade baixa e volume de moderado a baixo, geralmente vem depois de um dia de treino forte, seja de alto volume ou de alta intensidade. Embora neste dia a carga de treinamento seja baixa, isso não significa que o preparo deva ser menosprezado, pois este tipo de treino atua como agente mediador para o período de supercompensação, ou seja, ajuda o organismo a se preparar para um próximo estímulo forte.

- Volume de trabalho: de 25% a 50% menor que o volume de trabalho.
- Intensidade de trabalho: de 60% a 70% da FC máxima.

3.5.4 Treino intervalado

Características: intensidade muito alta e volume baixo, este treinamento é constituído por períodos de estímulos e recuperação, determinados para um aumento da resistência anaeróbia, com intensidades bem acima das praticadas em uma prova. Tem como objetivo preparar o corredor para um final de prova intensa.

Para este tipo de treinamento é recomendado que seja realizado em pista de atletismo.

- Volume de trabalho: 200, 400, 800 e 1.000 m. O número de estímulos, o intervalo e tipo de recuperação variam em função do período de treinamento em que o atleta se encontra.
- Intensidade de trabalho: mais de 90% da FC máxima.

3.5.5 Treino de velocidade

Características: intensidade muita alta e volume baixo, este treinamento tem como objetivo otimizar o aumento da amplitude e da frequência da passada, isto é, visa ao aumento da velocidade.

- Volume de trabalho: 100 e 150 m, sendo que o número de repetições e o intervalo de recuperação variam de acordo com o período de treinamento em que o atleta se encontra.
- Intensidade de trabalho: mais de 90% da FC máxima.

3.5.6 Treino de ritmo

Características: intensidade alta e volume moderado, este treinamento permite que você encontre seu ritmo de corrida, ou seja, a máxima velocidade que o atleta pode correr por um tempo máximo com maior eficiência mecânica e metabólica. Neste tipo de treinamento o atleta encontra a sua velocidade de trabalho ou o seu ritmo de prova.

- Volume de trabalho: de 30% a 40% menor que a distância da competição-alvo.
- Intensidade do trabalho: de 85% a 90% da FC máxima.

3.6 A intensidade do treinamento

A intensidade do exercício tem uma relação linear com o gasto energético, quer dizer, quanto maior a intensidade, maior o gasto energético (Margaria, 1963), o que é decisivo para desenvolvimento da capacidade aeróbia.

O Colégio Americano de Medicina do Esporte (ACSM) recomenda a utilização da frequência cardíaca de reserva (FCR) para o controle da intensidade do exercício. Os indivíduos com baixo condicionamento deverão iniciar seu treinamento com intensidades entre 40% e 50% da FCR; para os indivíduos já treinados as intensidades devem variar entre 60% e 90% da FCR para, assim, obterem melhoras significativas no condicionamento físico (ACSM, 2003).

A escolha da intensidade varia de acordo com o objetivo e com o nível de condicionamento do indivíduo; quanto maior o nível de condicionamento, maior será a intensidade do exercício a fim de provocar aumento do condicionamento físico (Amorim, 2002). A frequência com que os exercícios são realizados durante a semana também é considerada como intensidade de trabalho. O ACSM recomenda pelo menos três sessões semanais para desenvolvimento do condicionamento físico, e duas sessões para manutenção (ACSM, 2003), enquanto atletas têm uma frequência de 5 a 6 dias de treinamento por semana.

3.6.1 Cálculo da intensidade por meio da frequência cardíaca (FC)

A prescrição pela frequência cardíaca (FC) representa a forma mais simples de orientação e controle do treinamento físico (Machado, 2005). É um procedimento extremamente habitual, podendo ser utilizado em duas situações: (1) cálculo da intensidade do exercício; e (2) determinação da interrupção de um teste ou exercício, somando a isso o alto índice de confiabilidade e a praticidade de leitura da FC. Com auxílio de um tacômetro portátil (monitor de frequência cardíaca), qualquer indivíduo orientado por um profissional de Educação Física é capaz de controlar seu próprio treinamento (Machado, 2010).

1º passo: determinar a FC máxima. Sendo necessário o uso de um modelo matemático para sua predição, em que o mais difundido na Educação Física é descrito na equação 1 (Karvonen, Kentala e Mustala,1957), temos:

$$FC_{máx} = 220 - (Idade) \quad \text{(eq. 1)}$$

Foi realizada uma série de experimentos (Freitas et al., 2002; Silva Junior, Xavier e Marins, 2002) comparando modelos matemáticos de predição da FC máxima com a FC máxima obtida em situações distintas: corrida, cicloergômetro e natação. Concluiu-se que não há um modelo matemático único para predizer a FC máxima, e sim modelos distintos para cada modalidade (Robergs e Landwehr, 2002), que indicam como os modelos matemáticos devem ser específicos para cada modalidade.

3.6.2 Corrida

Os modelos mais adequados para avaliar a FC máxima em homens (equação 2) (Fernandez, 1998) e em mulheres (equação 3) (Froelicher et al., 1998) têm os resultados encontrados por estas equações com uma variação menor que 3 bpm.

$$FC_{máx} = 200 - 0,5 \, (Idade) \qquad \text{(eq. 2)}$$
$$FC_{máx} = 217 - 0,846 \, (Idade) \qquad \text{(eq. 3)}$$

Recentemente, outro estudo comparou a FC máxima obtida com três outros modelos de predição do FC máxima, sendo eles o modelo proposto na equação 1, o modelo proposto descrito na equação 4 (Tanaka, Monahan e Scal, 2001) e o descrito na equação 5 (Marins e Fernandez, 2004). Embora os três modelos testados indiquem uma tendência a superestimar a FC máxima, o modelo descrito na equação 4 (Tanaka, Monahan e Scal, 2001), apresentou menor tendência (18,03%) quando comparado aos outros modelos. O modelo proposto na equação 5 (Marins e Fernandez, 2004), apresentou uma tendência a superestimar um resultado um pouco maior (26,22%), enquanto o modelo proposto pela equação 1 foi o que mais superestimou o resultado (45,08%) (Barbosa et al., 2004).

$$FC_{máx} = 208 - 0,7 \, (Idade) \qquad \text{(eq. 4)}$$
$$FC_{máx} = 210 - 0,65 \, (Idade) \qquad \text{(eq. 5)}$$

Segundo passo: determinar a FC de trabalho (FCt). O treinamento é realizado dentro de uma zona de trabalho. A FCt irá determinar o limite superior e inferior da FC para que o objetivo proposto seja atingido com maior rapidez e segurança (equação 6). Este conceito pode ser melhor visualizado pela Tabela 3.1.

$$FCt = (FC_{máx} - FC_R) \, IT + FC_R \qquad \text{(eq. 6)}$$

Em que:

$FC_{máx}$ = Frequência cardíaca máxima

FC_R = Frequência cardíaca de repouso

IT= Intensidade do treinamento desejado (%)

Exemplo:

$FC_{máx}$ = 176 bpm

FC_R = 80 bpm

IT = 80% da $FC_{máx}$ = 0,80

FCt = (176 – 80) 0,80 + 80

FCt = 156,6 bpm

3.6.3 Cálculo da intensidade pelo ritmo de trabalho

A partir do ritmo ou da velocidade da corrida, você consegue obter a intensidade de treinamento adequada a fim de promover a adaptação necessária para melhora do condicionamento. Este método é extremamente simples e eficiente para a prática do dia a dia de treinamento.

Primeiramente, aplica-se o teste de 5.000 m, que consiste em percorrer correndo uma distância de 5.000 m no menor tempo possível.

A seguir, consta um exemplo prático:

Tempo dos 5.000 m: 25 minutos.

1º passo: transformar o resultado em segundos.

25 minutos = 1.500 segundos

2º passo: dividir o resultado em segundos por 5.000; o resultado será a velocidade em metros por segundo (m/s).

5.000 ÷ 1500 = 3,33 m/s

3º passo: multiplicar a velocidade em metros por segundo por 3,6, para encontrar a velocidade em quilômetros por hora (km/h).

$$3,33 \times 3,6 = 12 \text{ km/h}$$

4º passo: dividir o tempo em segundos pela distância em quilômetros; o resultado será a velocidade em segundos por quilômetro.

$$1.500 \div 5 = 300 \text{ segundos ou 5 min/km}$$

Logo, seu ritmo de trabalho máximo é de 5 minutos por quilômetro.

De posse do ritmo de trabalho máximo do atleta, agora calcula-se a intensidade do treinamento.

Exemplo: qual será o ritmo de trabalho ou a velocidade para 80% do VO_2 máximo?

1º passo: pegue o tempo total em segundos do ritmo de trabalho máximo e multiplique por 100; depois, divida pela intensidade proposta (80%). O resultado é o ritmo de trabalho para 80% de sua marca.

$$(300 \times 100) \div 80 = 375 \text{ segundos ou 6 minutos e 15 segundos por km.}$$

Ao controlar a intensidade do treinamento de forma mais precisa, as sessões de treinamento se tornam muito mais motivantes e, com isso, o atleta ficará mais seguro acerca do quanto pode e deve fazer durante o treinamento.

Cada tipo de treinamento tem um objetivo específico. Para facilitar o processo de prescrição, classificam-se as zonas de treinamento, o que irá permitir melhor visualização das planilhas de treinos (Tabela 3.1).

Tabela 3.1 – Relação de objetivos de treinamento, zona de trabalho, intensidade pela frequência cardíaca e concentração de lactato (Gomes, 2009)

Treinamento	Características	Zona	% VO_2 máx	Lactato (Mmol/L)
Aeróbia de regeneração	O abastecimento de energia se dá principalmente pela oxidação das gorduras.	Z1	40 – 70	± 2
Aeróbia de desenvolvimento	O abastecimento de energia se dá principalmente pelo glicogênio muscular e glicose.	Z2	60 – 90	± 4
Aeróbia/ Anaeróbia	O abastecimento de energia se dá principalmente pelos hidratos de carbono.	Z3	80 – 100	8 – 10
Anaeróbia glicolítica	O abastecimento de energia se dá principalmente pelos hidratos de carbono de forma aeróbia e anaeróbia.	Z4	100 – 80	10 – 20
Anaeróbia alática	Trabalho de curta duração: 15 a 20 seg., por isso, não ocorre acúmulo de lactato, e o bpm e a ventilação não atingem valores altos.	Z5	–	–

3.6.4 Cálculo da intensidade pelo VO_2 máximo

A prescrição com base no VO_2 máximo necessita de duas informações básicas: (1) o VO_2 máximo do indivíduo mensurado a partir de algum teste específico de corrida; e (2) identificar o objetivo do treinamento ou da sessão de treino. Na equação 7, observa-se o cálculo para identificar o VO_2 de treino a partir da intensidade proposta e do passo a passo para a prescrição a partir do VO_2 máximo.

$$VO_2\ t = [\text{intensidade alvo} \times (VO_2\text{máx} - VO_2\text{basal})\ ] + VO_2\text{basal (Eq. 7)}$$

1º passo – Identificar o VO_2 t

VO_2basal $= 3,5$ ml.kg.min^{-1}

VO_2máx $= 75$ ml.kg.min^{-1}

Intensidade proposta do treinamento $= 70\%$ do VO_2máx

VO_2t $= VO_2$ treino $= 0,7 \times (75 - 3,5) + 3,5$

VO_2t $= 53,55$ ml.kg.min^{-1}

2º passo – Identificar a velocidade para o VO_2t

Velocidade (km/h) $= (VO_2$t $- 3,5) / 3,4$

Velocidade (km/h) $= (53,55 - 3,5) / 3,4$

Velocidade (km/h) $= 14,72$

$3,4 =$ constante para transformar a velocidade em km/h

3.7 O volume do treinamento

O volume de treinamento corresponde ao tempo total da sessão de exercício, e está associado diretamente à intensidade deste, pois não é recomendado aplicar grandes cargas de intensidade e de volume em uma única sessão. Segundo o ACSM (2003), uma sessão de treinamento aeróbio com o objetivo de melhorar o condicionamento físico deve durar entre 15 e 60 minutos (ACSM, 2003), para que seu praticante possa obter resultados significativos. Os iniciantes devem começar com volumes de treinamento menores e com aumentos graduais; já os que possuem melhor nível de condicionamento devem trabalhar com volumes maiores, respeitando sempre as condições fisiológicas do praticante.

Costuma-se seguir uma regra para grandes volumes de treinamento: intensidade moderada; e para pequenos volumes de treinamento, intensidade alta. Essa regra ajuda adequar o programa de condicionamento físico ao tempo disponível que o praticante tem para a realização do exercício, uma vez que o motivo mais forte para o sedentarismo é a falta de tempo para a prática de exercícios (Figueira Junior, 2000).

O volume do treinamento deve ser estabelecido de acordo com o objetivo do treinamento, respeitando sempre a individualidade biológica do praticante ou atleta. É recomendado para iniciantes volumes de 20 a 30 minutos por sessão de treinamento, enquanto para atletas o volume pode variar de 2 a 5 horas de treinamento por dia, dependendo do tipo de prova e da fase de treinamento em que o atleta se encontra.

A relação entre volume e intensidade, que se pode denominar carga de treinamento ou carga de trabalho, influencia diretamente na fadiga do atleta, o que irá gerar uma resposta do organismo. Essa resposta poderá ser leve excitação sem adaptação, adaptação e adaptação com danos temporários (Tabela 3.2).

Tabela 3.2 – Relação entre carga de trabalho e adaptação do organismo

Carga	Intensidade	Volume	Adaptação
Pequena	Até 40%	Até 40%	Sem adaptação
Moderada (-)	41 a 60%	41 a 60%	Excita o organismo
Moderada (+)	61 a 80%	61 a 80%	Adaptação
Forte	81 a 95%	81 a 95%	Adaptação

3.7.1 Aquecimento

Pode-se caracterizar o aquecimento como um conjunto de exercícios que tem por objetivo possibilitar uma transição mais rápida do estado de repouso para o de exercício (Machado, 2009). O aquecimento é um elemento obrigatório no treinamento e nas competições, sua principal função é proporcionar um aumento da temperatura corporal interna, o que permite um aumento da eficiência motora em função de uma melhor ação da coordenação intramuscular e intermuscular, diminuição da resistência vascular periférica (RVP) e aumento do metabolismo do tecido (Platonov, 2008).

Com o aumento da temperatura corporal interna, a viscosidade do músculo e do tecido conjuntivo diminui e ocorre um aumento da elasticidade; com isso, permite diminuir as lesões nos músculos, tendões e ligamentos. O aumento de apenas 1 grau na temperatura do músculo proporciona um aumento da potência da contração muscular em 4%; o aumento de 3 graus na temperatura causa uma melhora na resposta latente em aproximadamente 20%; e uma otimização na resposta força-velocidade em até 40% (McArdle, Katch e Katch, 2003).

A eficiência do aquecimento depende do tipo de atividade realizada, do estado funcional do aluno ou atleta e do nível de condicionamento (Machado, 2009). A carga do aquecimento deve ser gradualmente aumentada de forma lenta e progressiva, pois um aquecimento com uma carga muito alta, em que o fornecimento de energia principal é pela via anaeróbia lática, irá exercer uma influência negativa sobre a *performance* (Foos e Keteyian, 2000).

3.7.2 Estrutura do aquecimento

Um aquecimento eficiente é aquele que permite ao aluno e/ou atleta obter uma transição adequada do repouso para a atividade física, possibilitando que o organismo possa ter um bom rendimento quando solicitado durante a atividade. Com isso, divide-se o trabalho de aquecimento em duas fases: aquecimento geral e aquecimento específico.

- *Aquecimento geral* – é caracterizado pelo aumento da temperatura do corpo, como também pelo aumento das atividades do sistema nervoso central (SNC) e de uma resposta aguda das variáveis fisiológicas, como FC, PAS, DC e RVP, proporcionando, dessa maneira, uma otimização na contração muscular, aumento da amplitude do movimento, eficiência mecânica do movimento e eficiência metabólica. O aquecimento geral pode durar de 5 a 15 minutos e depende da temperatura ambiente, da intensidade do trabalho e do nível de condicionamento do aluno ou atleta (McArdle, Katch e Katch, 2003).
- *Aquecimento específico* – é caracterizado pelo aumento da capacidade funcional que está diretamente ligada aos movimentos específicos da modalidade. Nessa fase são utilizados exercícios semelhantes aos da modalidade e da intensidade de trabalho, assemelhando-se ao objetivo de treinamento ou à realidade da competição. O aquecimento específico pode durar de 10 a 30 minutos, sendo esse tempo determinado pelo nível de condicionamento do aluno e/ou atleta, temperatura ambiente e intensidade utilizada no aquecimento (Astrand et al., 2006).

O aquecimento deve ser realizado de forma que a intensidade tenha um aumento gradual durante todo o trabalho de aquecimento. Primeiramente, utiliza-se de exercícios globais que envolvem uma grande parte da musculatura do praticante; na segunda parte (aquecimento específico) propõe-se os exercícios globais mais exercícios especializados, de acordo com o tipo de modalidade e da necessidade do praticante. Quanto mais complexos forem os exercícios da modalidade esportiva, mais tempo deve-se direcionar para o aquecimento específico.

Para as corridas de rua, a parte específica do aquecimento é basicamente uma alternância entre a intensidade dos exercícios e alguns tipos de educativos. É necessária a realização de alguns tiros de curta distância com intensidade próxima à máxima para uma otimização do sistema neuromuscular (Astrand et al., 2006). Uma boa opção de aquecimento é a utilização dos exercícios educativos, todavia existe também um outro método mais específico, que faz o corredor começar com uma corrida leve ou uma caminhada rápida ou, simplesmente, alterna-se entre uma e outra; após este período de aquecimento, que pode variar entre 10 e 30 minutos, o corredor está apto a começar a sessão de treinamento.

3.7.3 Volta à calma

A volta à calma tem como objetivo o inverso do aquecimento, isto é, fazer que o organismo processe de maneira gradativa, voltando ao metabolismo de repouso (Machado, 2009).

Seguindo o mesmo raciocínio do aquecimento, em que se aumenta aos poucos e de maneira gradativa a intensidade do exercício, no desaquecimento diminui-se aos poucos a intensidade da corrida até chegar a uma velocidade que o atleta possa caminhar. Dessa maneira, a velocidade da caminhada vai diminuindo até que o atleta pare.

Após o período de desaquecimento, uma boa opção para complementar a sessão de treinamento são os exercícios de alongamento.

Mas lembre-se:

- Alongue-se bem devagar até o limite fisiológico da articulação, ou seja, até o ponto em que ocorre desconforto;
- Mantenha-se pelo menos de 8 a 10 segundos no ponto de desconforto;
- Respire normalmente.

Aprendizagem da técnica da corrida 4

A técnica da corrida é bem simples, mas tem-se de lembrar que, para caracterizar a corrida, é preciso ter sempre a chamada *fase aérea*. Com movimentos simples e ritmados já se está correndo. Os braços movimentam-se alternando-se no sentido anteroposterior, mantendo um ângulo aproximado de 90 graus; já os membros inferiores terão uma *fase de impulsão* pela perna posterior que, em contato com o solo, é estendida e projeta o corredor à frente.

Durante a *fase aérea* a perna anterior é projetada à frente e, com o objetivo de uma melhor amplitude da passada, o joelho é flexionado. Basicamente correr é isso, mas, por que se vê tantos corredores correndo de forma errada? Entre os erros mais comuns podem-se destacar: correr saltando, correr sentado, exagerar nos movimentos dos membros superiores à frente do corpo, inclinar o tronco à frente, exagerar na rotação do tronco, assim como pouca ou nenhuma elevação dos joelhos.

A resposta é simples, correr pode parecer fácil, mas não é. E por ser uma atividade habitual, a maioria das pessoas acha que já sabe correr ou que a corrida é simplesmente uma caminhada com uma velocidade mais rápida, o que é um grande erro. Em função disso, vê-se, cada vez mais, pessoas correndo, sim, mas com uma mecânica muito aquém do ideal para a prática da corrida de forma correta, eficiente e segura. É nesse ponto que a aprendizagem da técnica da corrida se torna um dos pontos mais importantes para os corredores amadores, pois permitirá que eles possam correr mais rápido e por mais tempo.

4.1 Processo de ensino-aprendizagem-
-treinamento

A aprendizagem motora e o treinamento técnico são extremamente importantes durante o processo ensino-aprendizagem-treinamento, já que seus objetivos são praticamente os mesmos, ou seja, domínio da técnica esportiva e sua correta aplicação em qualquer situação (Singer, 1986).

Uma das metodologias mais utilizadas para a aprendizagem da técnica esportiva é a metodologia parcial, que parte da repetição do somatório de frações do gesto motor para conseguir a automatização do gesto completo. Essa metodologia é extremamente importante durante o ensino-aprendizagem, porém, os exercícios, quando monótonos e invariáveis, apresentam uma tendência de proporcionar uma aprendizagem do gesto de forma inflexível, não permitindo variações e adaptações da técnica motora.

É importante que o aluno realize o movimento de forma variada e sob diferentes condições. O aluno que tiver uma iniciação mediante uma prática variada terá a possibilidade de obter uma melhor aprendizagem de movimentos novos; porém, o aluno que tem uma iniciação mediante movimentos repetitivos de uma única técnica terá um bom domínio sobre esta técnica propriamente dita, e uma péssima capacidade de utilizar variações desta em outras condições.

Quanto maior a vivência motora, maior a possibilidade de aprendizagem. Quanto mais experiências motoras tiver, maior será a capacidade de combinações, adaptações e variações que o indivíduo poderá utilizar. Entretanto, essa experiência não se baseia apenas na quantidade de movimentos, mas sim em sua qualidade.

Os exercícios utilizados durante o processo de ensino-aprendizagem-treinamento de um gesto esportivo podem ser determinantes para um domínio mais rápido visando à formação de uma base de aprendizagem de novos movimentos, porém, a aprendizagem veloz e o resultado imediato do gesto técnico causam a especialização precoce do gesto esportivo, trazendo consigo consequências, tais como maior gasto energético e amplitudes de movimentos diminuídas, levando, com isso, a uma pequena *performance*.

Para a corrida, o processo de ensino-aprendizagem-treinamento mais eficaz se dá por meio de um programa motor generalizado (PMG), que oferece suporte à teoria do esquema. O PMG caracteriza-se por armazenar informações, podendo ser rapidamente moduladas em virtude do padrão de informação motora (Schmidt, 1993).

Em outras palavras, o PMG é um programa pré-estruturado com informações básicas sobre os movimentos e com condições de ser modulado em função da necessidade motora. Seguindo esse conceito, não é mais necessário um padrão de informação motora para andar para a frente devagar, outro para andar para a frente um pouco mais rápido e um terceiro para andar para a frente ainda mais rápido; basta um único padrão e as modulações sobre esse padrão de acordo com a mudança da necessidade de movimento (Schmidt, 1993).

O PMG é uma regra que cerca o Princípio do movimento, a partir de quatro tipos de informação:

(1) *Condição inicial*: postura, posição do corpo, forças atuantes no movimento;

(2) *Movimento*: o movimento deve ser feito em direção específica, com grupo muscular e velocidade específicos;

(3) *Consequências sensórias*: informações transmitidas durante a realização do movimento;

(4) *Informações detalhadas sobre o movimento*: dessa forma o indivíduo tem condições de saber se o movimento foi realizado com eficiência motora ou não.

4.2 O treinamento técnico

No treinamento técnico da corrida utilizam-se os exercícios educativos para o processo ensino-aprendizagem-treinamento da técnica da corrida. Os exercícios educativos são imprescindíveis para quem deseja melhorar sua *performance* na corrida (Machado, 2011). Eles foram desenvolvidos para atuar em cada fase da passada, otimizando a coordenação, o equilíbrio e a postura durante a corrida, proporcionando uma melhor eficiência mecânica e evitando, assim, uma fadiga precoce ao diminuir a incidência de lesões.

Os educativos são de extrema importância durante o processo de ensino-aprendizagem-treinamento na técnica da corrida, seja ele velocista, meio fundista ou fundista. É muito comum deparar-se com atletas velocistas praticando os educativos em seus treinamentos, entretanto, dificilmente veem-se atletas corredores de fundo fazendo esses tipos de exercícios.

Os exercícios educativos são a base do treino de qualquer corredor e podem ser incluídos como forma de aquecimento. Durante o aquecimento, inicia-se com os exercícios de menor impacto. A intensidade do exercício deve ir aumentando gradativamente, a distância pode variar de 30 a 50 metros e o tempo de treinamento técnico deve ser entre 10 e 20 minutos.

Os exercícios educativos proporcionam inúmeros benefícios, entre eles:

- melhora da consciência corporal;
- aumento da amplitude da passada;
- aumento da frequência da passada;
- maior eficiência mecânica durante a corrida;
- fortalecimento muscular; e
- melhora da postura.

Para que se possa aperfeiçoar a ação dos exercícios educativos, recomenda-se filmar sua corrida, pois só falar o que está errado é muito difícil de ser assimilado pelo aluno/corredor. E lembrando que a evolução dos educativos deve se dar em função das fases de aprendizagem do movimento, ou seja, sempre aumentar o grau de dificuldade dos educativos pelas variações de velocidade e variações no movimento, sempre que o aluno/corredor atingir um nível de aperfeiçoamento motor, para se evitar a especialização precoce.

As fases de desenvolvimento motor são divididas em três:

(1ª) coordenação rústica dos movimentos (*irradiação*);

(2ª) coordenação fina dos movimentos (*concentração*); e

(3ª) estabilização dos movimentos (*estabilização*).

- Durante a *fase de irradiação*, o aluno/corredor apresenta inervação desnecessária, movimentos colaterais, rigidez, tensão, fadiga precoce, caracterizando um movimento bruto sem técnica;
- Na *fase de concentração*, o aluno/corredor já apresenta estabilização dos movimentos, desaparecimentos dos movimentos colaterais, certa eficiência mecânica, necessitando, com isso, de uma correção mediante movimentos parciais, correção necessária pelo professor; mudança de amplitude de movimento, mudanças de velocidade do movimento, mudança de direção do movimento; e

- Na *fase de estabilização,* o aluno/corredor realiza os movimentos de forma dinâmica, com soltura e precisão inconsciente, sendo necessário, nessa fase, apenas a realização de movimentos específicos e a correção de pequenos detalhes na execução técnica.

4.3 Exercícios educativos

- *Anfersen (elevação do calcanhar)*: elevação do calcanhar em direção aos glúteos. No momento em que o calcanhar tocar o glúteo, o joelho deve estar apontando para o solo (Figura 4.1). Fortalece os músculos posteriores da coxa, alonga o quadríceps, melhora a coordenação e simula a fase de recuperação da corrida, gerando um movimento descontraído e de grande frequência gestual.

Figura 4.1 – Educativo *anfersen*.

- *Dribling (elevação curta do joelho)*: é uma corrida rápida com uma amplitude da passada diminuída. Uma perna deve se manter semiflexionada, com o joelho formando um ângulo de 35 graus e a ponta do pé apontando para o solo, já a outra perna deve ficar estendida com o calcanhar apoiado no solo (Figura 4.2).
Melhora a coordenação do complexo pé-tornozelo, assim como melhora também a consciência corporal e aumenta a frequência de movimentos sem alterações significativas na postura.

Figura 4.2 – Educativo *dribling*.

- *Skipping (elevação dos joelhos)*: eleve os joelhos alternadamente em velocidade, até formar um ângulo de 90 graus com o tronco (*skipping* alto) (Figura 4.3), ou eleve os joelhos, até formar um ângulo entre 50 e 60 graus com o tronco (*skipping* baixo) (Figura 4.4). O pé deve subir na linha da perna com a ponta do pé apontando para o solo.

Fortalece os músculos da coxa, trabalha a impulsão das pernas, melhora a coordenação, aumenta a frequência da passada e proporciona maior controle sobre os impactos na fase de aterrissagem; o *skipping* alto é mais utilizado por velocistas ou para aqueles que querem aumentar a amplitude da passada, enquanto o *skipping* baixo é mais utilizado por corredores de longas distâncias.

FIGURA 4.3 – Educativo *skipping* baixo.   Figura 4.4 – Educativo *skipping* alto.

- *Kick out (soldadinho)*: é uma corrida rápida com o joelho estendido e o movimento de braços alternado ao das pernas (Figura 4.5). Melhora a amplitude da passada, assim como melhora também a consciência corporal e aumenta a frequência de movimentos sem alterações significativas na postura.

Figura 4.5 – *Kick out*.

- *Hopserlauf*: a perna de apoio dá impulso verticalmente dando a impressão de um salto, enquanto a outra é elevada, semiflexionada a um ângulo de 90 graus, com a ponta do pé em direção ao solo (Figura 4.6).
Melhora a coordenação motora entre braços e pernas e proporciona melhor elevação do joelho durante a fase de decolagem.

Figura 4.6 – Educativo *hopserlauf*.

- *Hop*: como se fosse uma caminhada em ritmo um pouco mais rápido, a perna estendida dá impulso à frente, dando a impressão de um salto, enquanto a outra perna é elevada, semiflexionada a um ângulo de 90 graus, com a ponta do pé em direção ao solo (Figura 4.7). Melhora a coordenação motora e a amplitude da passada, o que proporciona uma coordenação dos movimentos técnicos da corrida.

Figura 4.7 – Educativo *hop*.

4.4 Combinação de movimentos dos educativos

Para um melhor desenvolvimento técnico, é possível fazer uma série de combinações dos exercícios educativos; tais combinações atuam de forma global, como no exemplo:

- passagem progressiva do *dribling* para o *skipping* baixo;
- passagem progressiva do *dribling* para o *skipping* alto;
- *skipping* alto somente com uma perna;

- *skipping* alto alternando as pernas;
- passagem do *skipping* alto para a corrida;
- passagem do *kick out* para o *skipping* alto;
- alternando *skipping* baixo e *skipping* alto;
- *hopserlauf* somente com uma perna.

Para alunos iniciantes é importante que eles vivenciem os educativos de forma que os ajudem a melhorar a coordenação de braços e pernas durante a corrida, como também otimizar a elevação de joelhos para que tenham uma melhor amplitude da passada. A seguir, algumas combinação de exercícios para iniciantes:

- variação de velocidade no *skipping*;
- variação de velocidade no *anfersen*;
- *skipping* alto somente com uma perna;
- *skipping* alto alternando as pernas;
- passagem do *skipping* alto para a corrida.

Partindo da própria experiência em treinamento de não atletas, os chamados alunos/atletas, algumas rotinas de educativos se tornavam muito monótonas e chatas, principalmente para o público feminino, que tinha maior resistência aos educativos realizados a partir das séries. Com isso, elaborou-se uma variação de rotinas de educativos dentro de uma série de treinamento, que é aplicado em cada sessão, sendo distâncias de 30 metros para iniciantes e 50 metros para intermediários e avançados.

As rotinas de educativos são elaboradas de acordo com o nível técnico do aluno, sendo: R1, rotinas de educativos para aprender a correr; R2, rotinas de educativos para aperfeiçoar a corrida; e R3, rotinas de educativos para acelerar (otimizar) a corrida. Essas rotinas foram incorporadas a metodologia de treinamento de corrida VO2PRO.[1]

---

[1] Disponível em: <www.vo2pro.com.br>

As rotinas funcionam como um circuito da musculação, em que o aluno/atleta irá realizar o educativo proposto, por uma distância de 30 a 50 metros, e retornará correndo em baixa velocidade; na sequência, fará um outro educativo e retornará com uma corrida de baixa velocidade. O aluno deverá realizar esse procedimento até acabar as variações de educativos, neste momento, o aluno/atleta terá acabado de fazer uma série na rotina. O ideal é que o aluno faça de 3 a 5 séries da rotina proposta. A seguir, segue um exemplo de rotina utilizada na metodologia VO2PRO.

> *skipping* alto unilateral lento + variação de velocidade no *skipping* alto + variação de velocidade no *anfersen* + passagem do *skipping* alto para a corrida.

Nota: (www.vo2pro.com.br).

Para a correção de vícios pontuais no aluno/atleta corredor, destacam-se alguns educativos específicos para os vícios mais comuns, entre eles (Viel, 2001; Matthiesen, 2007; Machado, 2011):

- *Movimentos dos braços cruzando o plano sagital*, ou seja: o braço direito direciona-se para o lado esquerdo do corpo. Educativo proposto: *skipping* alto caminhando, valorizam-se os movimentos dos braços e, na sequência, ir aumentando a velocidade, sempre valorizando os movimentos dos braços e elevando os braços até um ângulo de 90 graus com o tronco.
- *Movimento excessivo de rotação do tronco durante a corrida*: esse vício é uma consequência dos movimentos de braços cruzarem o plano sagital, logo, a correção se dá por meio dos movimentos dos braços e do fortalecimento do *core* para eliminar esse vício.
- *Corrida sentada*: esse vício é uma consequência de encurtamento dos posteriores da coxa associado à pouca ou nenhuma

elevação do joelho na fase aérea; com isso, deve-se propor educativos que atuem com elevação dos joelhos, como o *skipping* alto e, também, trabalhar o reequilíbrio muscular na musculatura dos membros inferiores (MMII).

- *Corrida saltada*: esse vício ocorre quando o corredor prolonga o tempo da fase aérea e tem um deslocamento vertical superior ao deslocamento horizontal; dessa forma, o educativo proposto é o *hop* e suas variações.

O treinamento técnico por meio dos exercícios educativos, como o próprio nome sugere, são exercícios que educam a postura e a mecânica do corredor, para que ele corra com uma postura perfeita e, com isso, ganhe eficiência mecânica e fisiológica. Outro ponto importante é que com eles o treinador vai corrigir as falhas de postura, desequilíbrios e vícios nos quais os corredores que praticam a atividade sem uma orientação profissional acabam desenvolvendo.

Treinamento complementar 5

5.1 Treinamento de força aplicado à corrida

Que ninguém mais duvida que o treinamento de força auxilia na performance do corredor, isto já é um fato, entretanto, há ainda aqueles que por cultura ou por falta de informação não aderiram ao treinamento de força como treinamento complementar para o corredor.

Os benefícios não são poucos para os corredores que realizam o treinamento de força, entre eles destacam-se menor incidência de lesões, otimização da *performance* e redução do tempo de recuperação pós-treino (Paavolainen et al., 1999). Lembrando sempre que o treinamento de força para os corredores é um treinamento complementar e deve ajudar a corrida e não atrapalhá-la. Em outras palavras, o treinamento de força deve ser voltado para otimizar a corrida e não para prejudicá-la.

Então fica aquela pergunta no ar, como seria o treinamento de força para otimizar minha corrida? Seguem algumas dicas: primeiro há de ter bem em mente o plano de treinamento do aluno/atleta e/ou atleta, pois em período de base deve-se treinar com mais força, e em período específico, mais potência para otimizar a *performance*. Evitar os treinos de força pura antes de treinos longos na fase de base, e de potência antes do treino de ritmo na fase específica.

De maneira geral, deve-se procurar *não* cometer alguns erros, entre eles: não dar prioridade aos membros inferiores, não treinar os membros superiores, não realizar os exercícios explorando a amplitude máxima de movimento, não treinar o *core*, usar mais máquinas de peso livre, treinar sentando em vez de treinar em pé e não treinar exercícios com a execução unilateral ou alternada.

5.1.1 Tipos de força

Para a elaboração do treinamento de força aplicado à melhora do gesto desportivo, o técnico deve identificar quais as cargas e metodologias serão utilizadas em razão do objetivo do treinamento para aquele atleta ou aluno específico, ou seja, é um treinamento bem focado nas condições atuais e nos objetivos do indivíduo (Machado, 2011).

Basicamente pode-se dividir a força em:

- *Força dinâmica*: em que a intensidade a ser vencida é mais determinante que a velocidade de execução;
- *Força explosiva ou potência:* em que a velocidade de execução juntamente com a força desenvolvida pelo músculo tem a sua característica;
- *Força estática:* ocorre quando há contração muscular sem que haja movimento articular;

- *Força de resistência:* que é a capacidade de o músculo manter o trabalho muscular sem perder a sua qualidade (Dantas, 2003; Badillo e Ayestarán, 1997).

Dificilmente a força no esporte se manifestará de forma pura, ou seja, somente força dinâmica ou somente força estática; ela virá sempre acompanhada, pois os gestos esportivos produzem uma fase de alongamento-encurtamento que requer a manifestação de outro tipo de força. Com isso, cada modalidade esportiva tem um tipo de combinação ou combinações de forças para a execução perfeita do gesto esportivo, e na corrida não é diferente (Machado, 2011).

5.1.2 Desenvolvendo a força

O treinamento de força deve ser condizente com o objetivo, momento atual dentro da periodização e tempo total da periodização, pois cada método tem uma relação de causa e efeito diferente sobre as manifestações de força-velocidade (f-v) e de força-tempo (f-t) (Machado, 2011). O treinador deve sempre buscar um equilíbrio que favoreça a *performance* de seu aluno/atleta sem comprometê-lo (Tabela 5.1).

Tabela 5.1 – Variáveis do treinamento de força

Método	Intensidade % 1 RM	Repetições por *set*	*Sets*	Intervalo (minutos)	Velocidade de execução
Força dinâmica 1 (FD1)	90 a 100	1 a 3	4 a 8	3 a 5	Máxima
Força dinâmica 2 (FD2)	85 a 90	3 a 5	4 a 5	3 a 5	Máxima
Força dinâmica 3 (FD3)	80 a 85	5 a 7	3 a 5	3 a 5	Moderada

Continua

Continuação

Método	Intensi-dade % 1 RM	Repetições por *set*	*Sets*	Intervalo (minutos)	Velocidade de execução
Força dinâmica 4 (FD4)	70 a 80	6 a 12	3 a 5	2 a 5	Moderada
Força dinâmica 5 (FD5)	60 a 70	6 a 12	3 a 5	3 a 5	Moderada
Força explosiva Concêntrica (FEco)	60 a 80	4 a 6	4 a 6	3 a 5	Máxima
Força explosiva excêntrica-concên-trica (FEec)	70 a 90	6 a 8	3 a 5	5	Máxima (Excêntrica)
Força explosiva pliométrica (FEpl)	5* a 40*	5 a 10	3 a 5	3 a 10	Máxima
Força de resistên-cia (FR)	30 a 40	+ 20	4 a 6	½ a 1	Moderada

(Adaptada de Badillo e Ayestarán, 1997)

* Percentual do peso corporal.

Adaptações esperadas no treinamento de força (Machado, 2011):

- **FD1** – Aumento da força dinâmica em função do impacto nos fatores nervosos, sem uma hipertrofia considerável; aumento da força explosiva em cargas altas; melhora da coordenação intramuscular e redução da inibição do SNC.
- **FD2** – Aumento da força dinâmica em função do impacto nos fatores nervosos, com uma hipertrofia mais considerável em relação a FD1, melhora da coordenação intramuscular mais acentuada, redução da inibição do SNC mais expressiva quando comparada ao FD1.
- **FD3** – Desenvolvimento da força máxima; hipertrofia moderada; menor ação de adaptação sobre os fatores nervosos.

- **FD4** – Desenvolvimento da força máxima; hipertrofia muscular mais acentuada; pequena ação sobre o SNC; aumento do déficit de força e maior amplitude das unidades motoras recrutadas.

- **FD5** – Efeitos moderados sobre os fatores nervosos, coordenação intramuscular e redução da inibição do SNC; condicionamento geral do aparelho locomotor ativo (músculos) e passivo (ligamentos e tendões).

- **FEco** – Consiste em realizar o movimento sem alongamento ou por meio de um contra-movimento que precede a contração. Em outras palavras, parte-se de um estado de repouso com velocidade zero para um estado de máxima velocidade.

- **FEec** – Consiste em realizar a fase excêntrica de forma que o peso caia livremente até o ponto em que começa a fase concêntrica, que é realizada de forma rápida com a máxima velocidade. A transição entre as duas fases deve ser rápida.

- **FEpl** – O treinamento pliométrico consiste de três contrações, nesta ordem: excêntrica-isométrica-concêntrica, ou seja, alongamento muscular seguido imediatamente de um encurtamento. O treinamento pliométrico geralmente é associado a saltos e lançamentos, mas para o treinamento de corrida ele otimiza todos os processos neuromusculares e, também, melhora o armazenamento da energia elástica. Os saltos no treinamento pliométrico podem ser caracterizados como positivos, quando o indivíduo salta de uma posição mais baixa para uma mais alta e negativos, quando o indivíduo salta de uma posição mais alta para uma mais baixa.

- **FR** – Efeitos moderados sobre os fatores nervosos, coordenação intramuscular e redução da inibição do SNC; condicionamento geral do aparelho locomotor ativo (músculos) e passivo (ligamentos e tendões).

Observação: O treinamento pliométrico não deve ser realizado de forma aleatória e descontrolada. Para um treinamento pliométrico eficiente e seguro, deve-se estar inserido na fase específica da periodização e, na fase de base, o indivíduo deverá ter feito um trabalho específico de fortalecimento muscular e também saber executar perfeitamente o movimento de salto. Caso essas orientações não sejam seguidas à regra, o indivíduo fica sujeito a consequências danosas, como o surgimento de lesões em função do treinamento orientado e prescrito de forma inadequada.

5.1.3 O treinamento de força e a periodização

O treinamento de força deve estar presente durante todo o período de treinamento do corredor. O treinamento de força em corredores se justifica por três pontos: (1) reduz os riscos de lesões; (2) reduz o tempo de recuperação entre as sessões de treino; e (3) forma uma base necessária para o treinamento de força explosiva na fase específica (Platonov, 2008).

Deve-se lembrar que o treinamento de força é uma ferramenta apta a otimizar a corrida, logo, o treinamento deve ser executado no mínimo duas vezes e no máximo três vezes por semana. O objetivo do treinamento de força é fazer que o aluno/atleta corredor corra mais rápido.

Na teoria, deve-se então desenvolver a força de resistência; depois a força máxima dinâmica e, somente depois, a força explosiva. Exemplificando, para um período de 3 meses de treinamento, o 1º mês seria força de resistência; o 2º, força dinâmica máxima, e no 3º mês, força explosiva. Mas não é bem assim na prática.

Lembrando-se de que a corrida, assim como o ciclismo e a natação, é um esporte cíclico e seu desenvolvimento da força de resistência se dá de forma mais eficiente, por meio da própria prática do esporte.

O treinamento de força de resistência deve seguir a especificidade da modalidade esportiva e ter como finalidade: desenvolver uma velocidade de contração mais elevada, aumentar a resistência do grupo muscular específico utilizado no gesto esportivo, aperfeiçoar a execução técnica do gesto e desenvolver capacidades psicofisiológicas em condições de fadiga (Machado, 2011). Com base nessa afirmativa, pode-se concluir que não se obtém uma força de resistência favorável à corrida dentro da sala de musculação, realizando repetições exaustivas na cadeira extensora.

A manifestação da força explosiva é específica de cada esporte. Quando desenvolvida a força máxima dinâmica em um grau ótimo, realizam-se os gestos específicos em alta velocidade para desenvolver a força explosiva. Para que a transferência da força dinâmica máxima para a força explosiva seja bem-sucedida, deve-se levar em consideração dois aspectos importantes: a seleção adequada do exercício e da quantificação da carga de trabalho (Zatsiorsky, 1999).

Com isso, alguns itens são importantes para inserir o trabalho de força na periodização dos corredores:

- Para iniciantes, o trabalho de força de resistência deve ser explorado pelos exercícios educativos e do próprio treinamento específico de corrida e, posteriormente, por meio da inserção do trabalho de força dinâmica (FD4 e FD5). Para esse grupo não se utiliza o trabalho de força explosiva.
- Para intermediários, utiliza-se o trabalho de força dinâmica (FD4, FD3 e FD2) por meio de exercícios os mais próximos possíveis da modalidade esportiva (corrida), tais como: agachamento unilateral e agachamento com avanço. No trabalho de força explosiva são indicados os métodos FEco e FEec.
- Para avançados, utiliza-se o trabalho de força dinâmica (FD3, FD2e FD1), fazendo uso de exercícios os mais próximos

possíveis da modalidade esportiva (corrida), como: agachamento unilateral e agachamento com avanço. No trabalho de força explosiva são utilizados os métodos FEpl.

Dessa forma, veem-se bons resultados com alunos atletas e não atletas. O treinamento pliométrico não é indicado para iniciantes, indivíduos lesionados ou com problemas musculoesqueléticos.

A justificativa de inserir o trabalho de força explosiva é sustentada a partir de diversos estudos, entre eles: substituição de um terço do treinamento de corrida por treinos pliométricos, em que foram observadas melhoras significativas na corrida de 5 km; a redução do tempo de percurso foi associada à maior economia de movimento e à maior potência muscular desenvolvida com o treinamento (Paavolainen et al., 1999). Em outro estudo, o treinamento pliométrico foi inserido nas seis semanas finais do planejamento, em que os pesquisadores observaram melhoras significativas nas corridas de 3 km (Spurrs, Murphy e Watsford, 2003).

5.2 Treinamento de flexibilidade aplicado à corrida

Mais conhecido como alongamento, o treinamento de flexibilidade, também é realizado para o corredor, embora com menor incidência quando comparado ao treinamento de resistência. Esse fato pode ser explicado por não ser uma capacidade física de importância prioritária para a corrida, o que pode acarretar um treinamento influenciado por mitos, não por bases científicas.

Flexibilidade é a capacidade física responsável pela amplitude do movimento em determinada articulação ou conjunto de articulações (Alter, 2001). A corrida exige a utilização da amplitude de movimento para a execução da passada de forma correta e eficiente, e é extremamente difícil uma execução perfeita da amplitude da passada, com eficiência mecânica máxima, sem um bom nível de flexibilidade (Machado, 2011).

Faz-se necessário o conhecimento do preparador físico sobre a condição biológica do aluno/atleta, sobre as particularidades da corrida e sobre os aspectos fisiológicos e metodológicos do treinamento de flexibilidade.

Podem ser classificados dois tipos de intensidade no trabalho de flexibilidade: máxima e submáxima, sendo que cada intensidade provocará adaptações diferenciadas sobre o indivíduo. O trabalho de alongamento ativo (intensidade submáxima) provoca deformação dos componentes plásticos, o que otimiza a execução dos movimentos (McNair e Stanley, 1996). Já o trabalho de alongamento passivo (intensidade máxima) atua nos mecanismos proprioceptivos, o que pode levar a uma lesão se realizado antes do treinamento, vale ressaltar que esse tipo de trabalho deve ser realizado especificamente para o aumento da amplitude articular (Dantas, 1998), ou seja, uma sessão específica para intensidades mais altas visando ao desenvolvimento da flexibilidade.

O princípio do treinamento que determina a melhora da flexibilidade é o Princípio da sobrecarga; nesse caso específico, o alongamento passivo. No treinamento de flexibilidade existem variáveis como no treinamento de força, sendo elas: duração, frequência e intensidade do trabalho realizado. A recomendação é que se realize um trabalho de pelo menos dez segundos de duração por série, para cada articulação trabalhada (Alter, 2001).

A manipulação da intensidade do estímulo vai proporcionar respostas diferentes (Machado, 2011). Com isso, quando se utiliza o alongamento ativo (submáximo) obtém-se a otimização do gesto mecânico e, quando se utiliza o alongamento passivo (máximo), aumenta-se a amplitude articular.

O trabalho submáximo facilita a execução do movimento, aumentando, assim, a eficiência mecânica, e podendo ser utilizado como aquecimento em algumas modalidades esportivas e na volta à calma. O trabalho máximo, por sua vez, causa uma contratura na musculatura, gerando uma diminuição do recrutamento das fibras musculares quando acionadas após o trabalho; para esse tipo de intensidade devem ser estabelecidas sessões de treinamento específicas.

5.2.1 Métodos de treinamento da flexibilidade

Existem três métodos diferenciados para o desenvolvimento da flexibilidade: dinâmico, estático e facilitação neuromuscular proprioceptiva, também conhecido como FNP (Alter, 2001).

5.2.2 Método dinâmico

Trabalhos dinâmicos que podem resultar em um exercício de caráter balístico. O movimento deve ser realizado de 2 a 3 séries de 10 a 15 repetições; a amplitude dos movimentos deve ser máxima e em alta velocidade, para estimular o fuso muscular, gerar o reflexo miotático e provocar a contração da musculatura que está sendo alongada. Esse método tem por objetivo desenvolver a elasticidade muscular ou a manutenção da amplitude articular, em razão da intensidade utilizada.

O músculo antagonista ao movimento é um limitador do método, em função da reação proprioceptiva desse tipo de trabalho. A contraindicação desse tipo de trabalho se dá pelas trações repetidas a que são submetidos os componentes elásticos em séries, que diminuem a capacidade de estabilização articular, o que gera um comprometimento na geração da força máxima e/ou força explosiva (Magnusson, Simonsen e Kjaer, 1996).

Com o objetivo de minimizar os efeitos negativos da velocidade do movimento sobre os componentes elásticos, foi desenvolvido um programa de flexibilidade com velocidade progressiva (PFVP). O PFVP é um programa de alongamento em que o indivíduo passa por uma série de exercícios de alongamento com velocidades e amplitudes combinadas e controladas sobre uma base progressiva, permitindo uma adaptação progressiva do aparelho locomotor passivo aos movimentos dinâmicos (Zachazewski, 1990).

O aluno/atleta faz uma sequência de exercícios com diferentes velocidades, da lenta à alta velocidade, respeitando a seguinte ordem: alongamento estático (AE), alongamento de amplitude curta com velocidade lenta (AACVL), alongamento de amplitude total com velocidade lenta (AATVL), alongamento de amplitude final curta com velocidade rápida (AAFCVR) e alongamento de amplitude total com velocidade rápida (AATVR). O controle da amplitude é realizado pelo próprio aluno/atleta e não é utilizada nenhuma força externa.

5.2.3 Método estático

Este método é caracterizado por submeter o músculo a uma tensão contínua, que atua diretamente no órgão tendinoso de Golgi (OTG), gerando um relaxamento na musculatura agonista. A articulação tende a se adaptar a essa intensidade, desenvolvendo mais extensibilidade de seus tecidos e proporcionando também uma diminuição de sua estabilidade articular, o que contraindica a aplicação do método para esportes de contato e esportes que exijam sincronismo articular durante a execução do gesto motor, como a corrida (Dantas, 2003).

5.2.4 Método de facilitação neuromuscular proprioceptiva (FNP)

Este método é uma combinação de movimentos que incluem contrações isométricas, concêntricas e excêntricas, junto com o método passivo (Achour Junior, 1996). Caracteriza-se por acelerar o mecanismo neuromuscular por meio da estimulação dos proprioceptores.

O método FNP tem uma variedade de técnicas que combinam ações dos músculos agonistas e antagonistas de diferentes formas, por meio de contrações concêntricas, excêntricas e isométricas. Entre as técnicas mais conhecidas do método FNP estão a contrair e relaxar (Machado, 2011).

A técnica contrair e relaxar consiste na aplicação da força máxima do músculo antagonista ao movimento, a partir do ponto de limitação articular da ação do músculo agonista seguido por um período de relaxamento. Em seguida, o professor irá de forma passiva explorar o limite articular do indivíduo até o seu limite articular (Alter, 2001).

5.2.5 Desenvolvendo a flexibilidade

Para preservar a estabilidade articular, deve-se dar ênfase ao aumento da elasticidade muscular; e para otimizar a *performance* de músculos que necessitem melhorar a estabilidade, ou que irão desenvolver contrações explosivas durante a *performance*, deve-se dar ênfase à mobilidade articular (Dantas, 1998).

Respeitando o Princípio da especificidade, o treinamento de flexibilidade empregará métodos distintos em função da modalidade esportiva praticada e do segmento corporal trabalhado. Outro fator importante é o período de treinamento em que se encontra o aluno/atleta na periodização (Gomes, 2009).

Pelo plano de treinamento, o treinador irá determinar o método mais eficiente. Sugestão: (i) *fase de preparação básica*: ênfase na elasticidade muscular das articulações que necessitem preservar sua estabilidade, e ênfase na mobilidade articular para a musculatura que necessite de potência e estabilidade; (ii) *fase de preparação específica*: obtenção do arco de movimento necessário para a *performance* e fase de competição ou final da fase de *performance*, manutenção da flexibilidade sem risco de provocar lesões.

Duas sessões por semana são suficientes para o desenvolvimento da flexibilidade. Sendo pelo menos uma sessão para o desenvolvimento e outra para a manutenção da flexibilidade, utilizando-se de um dos três métodos (Achour Junior, 2011). Para não atletas que buscam qualidade de vida e de saúde, recomenda-se intensidade moderada pelo menos uma vez durante a semana. Inicie o treinamento com um número maior de séries e um tempo menor em cada série. Para atingir progressão da carga de treino aumente o tempo e diminua o número de séries.

No método estático, os estímulos devem durar de 10 até 30 segundos, totalizando um tempo de trabalho de no máximo 2 minutos para cada grupo muscular (Machado, 2011). No método FNP, explora-se a amplitude máxima da articulação até o limite da dor no aluno/atleta e não se ultrapassa o tempo total de trabalho de 1 minuto por grupo muscular.

Um outro ponto importante na prescrição do trabalho de flexibilidade é a zona de alta resistência (ZAR). A ZAR é a zona de realização do movimento em que o aluno/atleta tem um gasto energético maior, encontrada nos últimos 10% a 20% do arco articular. Recomenda-se que, durante o treinamento, o treinador prescreva uma intensidade de 15% a 20% a mais que o necessário para o gesto motor, pois com isso o aluno/atleta terá uma melhor eficiência mecânica do movimento.

5.2.6 Exercícios de alongamento

FIGURA 5.1 – Alongamento do músculo do quadríceps.

FIGURA 5.2 – Alongamento do músculo do quadríceps.

Figura 5.3 – Alongamento do músculo do quadríceps.

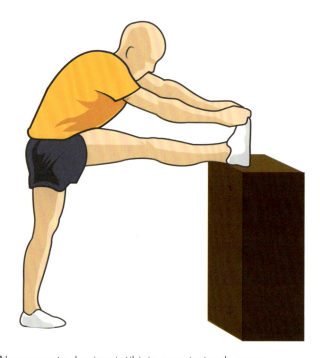

Figura 5.4 – Alongamento dos isquiotibiais e posterior de coxa.

FIGURA 5.5 – Alongamento dos isquiotibiais.

FIGURA 5.6 – Alongamento dos isquiotibiais.

Treinamento complementar 119

FIGURA 5.7 – Alongamento dos isquiotibiais e adutores.

FIGURA 5.8 – Alongamento dos adutores.

Figura 5.9 – Alongamento dos adutores e dos extensores de quadril.

Figura 5.10 – Alongamento do tríceps sural.

Treinamento complementar 121

FIGURA 5.11 – Alongamento do tríceps sural e glúteos.

FIGURA 5.12 – Alongamento dos glúteos.

Figura 5.13 – Alongamento do tensor da fáscia lata e glúteos.

Figura 5.14 – Alongamento dos extensores do tronco.

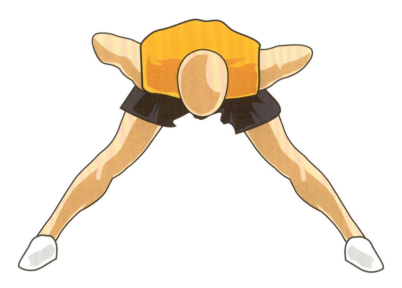

Figura 5.15 – Alongamento dos extensores do tronco, isquiotibiais e adutores.

Figura 5.16 – Alongamento dos extensores do tronco.

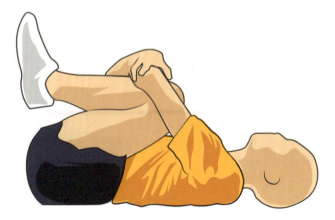

Figura 5.17 – Alongamento dos músculos dorsais.

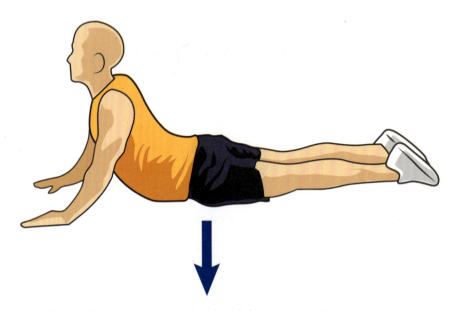

Figura 5.18 – Alongamento dos músculos abdominais e peitorais.

Figura 5.19 – Alongamento dos músculos flexores dorsais do tornozelo.

5.3 Treinamento funcional aplicado à corrida

O treinamento funcional é um método de treinamento que tem por objetivo desenvolver e/ou aprimorar o gesto motor de forma específica. Ele é composto por exercícios que desafiam o SNC, proporcionado uma adaptação específica do gesto motor e uma otimização das qualidades físicas envolvidas nesse gesto (Noakes, Clair Gibson e Lambert, 2004).

O treinamento funcional é tão antigo quanto o próprio treinamento, entretanto, não era conhecido pela maior parte dos profissionais e era restrito aos atletas de alto rendimento. Contudo, o método foi evoluindo e se modernizando, e com isso se popularizando, até chegar ao Brasil. Com os avanços tecnológicos aplicados a equipamentos para condicionamento físico, hoje, o treinamento funcional pode ser aplicado para qualquer indivíduo, com qualquer nível de condicionamento, para qualquer objetivo. Ou seja, crianças, idosos, obesos, gestantes, atletas de alto rendimento, atletas amadores e/ou indivíduos buscando melhor qualidade de vida.

No treinamento funcional, nenhum movimento é realizado sozinho, em uma ação isolada de um grupo muscular e/ou articulação, e sim em uma integração entre vários músculos e articulações que estabilizam e produzem movimento, gerando, com isso, a adaptação integrada.

Para que essa adaptação integrada ocorra, deve haver uma sequência lógica dos estímulos (Campos e Neto, 2004), sendo ela:

(1) O estímulo é recebido por receptores;

(2) O impulso é transmitido ao longo dos neurônios sensoriais para o SNC;

(3) O SNC interpreta a informação sensorial que entra e determina qual resposta é mais apropriada;

(4) Os sinais para as respostas são transmitidos do SNC pelos motoneurônios; e

(5) O impulso motor chega ao músculo e o movimento ocorre.

5.3.1 Treinamento funcional *versus* corrida

A carência de um sistema de treinamento funcional aplicado à corrida, respeitando os princípios do treinamento e as regras da periodização, levou a longos anos de estudos práticos na área de treinamento de corrida, o que foi fundamental para o desenvolvimento e sucesso do sistema sugerido neste livro e denominado 3ª *(Metodologia VO2PRO)*, em que se segue uma rotina básica e lógica para o desenvolvimento do aluno/atleta.

Primeiro A, aprender a correr; segundo A, aperfeiçoar a corrida; e terceiro A, acelerar a corrida. Seguindo essa mesma lógica e nomenclatura, também se trabalha com os exercícios educativos que podem ser classificados como Treinamento Funcional Coordenativo.

Como a proposta de periodização (Capítulo 6) segue basicamente um padrão de três meses de treinamento, no treinamento funcional, que faz parte do trabalho complementar do corredor, ele deve se enquadrar nesse mesmo padrão.

Com isso, nessa proposta de programa de treinamento funcional aplicado à corrida, são apresentadas três etapas distintas:

(1) *Aprendizagem,* quando ocorre a assimilação dos movimentos que, via de regra, são movimentos tensos e colaterais, gerando fadiga precoce;

(2) *Aperfeiçoamento*, em que ocorre estabilização dos movimentos e desaparecimento dos movimentos colaterais, porém, o corredor apresenta pequenos erros não perceptíveis por ele; e

(3) *Otimização*, aqui o corredor corre, mecanicamente, perfeito, com um padrão motor de excelência e gerando uma precisão inconsciente do movimento. Nessa fase o corredor pode até realizar um padrão mecânico incorreto durante a corrida, contudo ele irá perceber qual foi o erro e como corrigi-lo.

Embora seja um esporte cíclico e, teoricamente, um esporte simples de se realizar, na prática a corrida se mostra bem mais complexa. Sugere-se para aprendizagem do movimento, de 4 a 8 semanas de treinamento; para aperfeiçoamento do movimento, utilizando-se de exercícios mais complexos, 4 semanas; e para otimização dos movimentos específicos também 4 semanas de treinamento.

- *Na fase de aprendizagem* deve-se aplicar exercícios para o fortalecimento do *core*, que podem ser iniciados com as pranchas (dorsal, ventral e lateral), sendo que em um primeiro momento requer execução estática e, posteriormente, evolui para execuções dinâmicas. Os exercícios educativos devem ser aqueles que irão ajudar o aluno/atleta a desenvolver a mecânica da corrida de forma correta.

- *Na fase de aperfeiçoamento*, deve-se utilizar exercícios funcionais que desenvolvam a força no aluno/atleta de forma dinâmica, tanto para a musculatura do *core* como para a musculatura dos membros inferiores (por exemplo: agachamento com avanço). Nos educativos podem ser explorados trabalhos em rampa.
- *Na fase de otimização*, a regra é acelerar na corrida e, para isso, utiliza-se educativos que ajudem a desenvolver a potência e também exercícios que possam desenvolver a potência de forma dinâmica, como os exercícios de pliometria (saltos).

Observação: tratando-se de corrida, os exercícios funcionais devem vir sempre antes da parte principal do treinamento.

Durante o trabalho de aquecimento deve-se dar uma atenção especial à mobilidade e à estabilidade articular, pois uma articulação estável faz que o treinamento seja seguro e eficiente.

A propriocepção é fundamental para a estabilidade articular, pois seus impulsos aferentes modulam as respostas eferentes, que permitem o desenvolvimento e/ou manutenção da estabilidade. As atividades proprioceptivas são monitoradas pelos mecanorreceptores periféricos que estão localizados na pele, músculos e articulações, informando ao cérebro o posicionamento do corpo, além de respostas fisiológicas, como: comprimento do músculo, ângulo articular e tensão nos tendões (Campos e Neto, 2004).

Os exercícios aplicados para estabilidade devem possuir variações progressivas de sobrecarga, para que seja possível executar uma variação com facilidade, e uma boa técnica de execução para realizar uma nova variação que exija mais força, equilíbrio, estabilização e flexibilidade. Com isso, adota-se um padrão progressivo de sobrecarga para os exercícios funcionais, partindo de exercícios não específicos para os específicos; da baixa para alta dificuldade de execução; da baixa para alta intensidade; e de alto para baixo volume.

5.3.2 Exercícios funcionais

Os exercícios funcionais propostos a seguir são ideais para serem utilizados nas assessorias de corrida, pela sua simplicidade de execução e por se utilizar de equipamentos de fácil transporte e operacionalidade. Os exercícios foram divididos em quatro grupos: (1) estabilização, (2) prancha, (3) agachamento e (4) pliometria.

FIGURA 5.20 – Este exercício é utilizado para melhoria do mecanismo proprioceptivo e do controle muscular.

Figura 5.21 – Este exercício de balanço é utilizado para a melhoria do mecanismo proprioceptivo e do controle muscular, podendo ser realizado de forma estática, utilizando somente a ação de equilíbrio, ou também com deslocamento, já que se aciona o equilíbrio recuperado durante a realização do exercício. Para aumentar o grau de dificuldade neste exercício, basta aumentar a distância do deslocamento.

FIGURA 5.22 – Este exercício é realizado em uma plataforma instável, o que gera uma dificuldade maior durante sua realização. Ele é indicado para melhoria do mecanismo proprioceptivo e do controle muscular.

FIGURA 5.23 – Este exercício, denominado aviãozinho, é indicado para melhoria do mecanismo proprioceptivo e do controle muscular.

Figura 5.24 – Este exercício (aviãozinho) é realizado em uma plataforma estável, o que gera uma dificuldade maior durante sua realização. Ele é indicado para melhoria do mecanismo proprioceptivo e do controle muscular.

Figura 5.25 – Este exercício (aviãozinho), embora seja realizado em uma plataforma estável, tem uma sobrecarga externa (peso), que gera uma maior dificuldade durante sua realização. Ele é indicado para melhoria do mecanismo proprioceptivo e do controle muscular.

Figura 5.26 – Este exercício, conhecido como agachamento, é realizado em uma plataforma estável, com uma perna flexionada e a outra sobre uma plataforma instável (bola), para que a força seja direcionada para a perna de apoio. Ele é indicado para melhoria do mecanismo proprioceptivo e do controle muscular.

FIGURA 5.27 – Este exercício, denominado prancha em decúbito ventral, é realizado em uma plataforma estável e é indicado para iniciantes, pois utiliza os joelhos e as mãos com os braços estendidos como apoio.

FIGURA 5.28 – Este exercício (prancha em decúbito ventral) é realizado em uma plataforma estável e é indicado para iniciantes, porém, com um grau de dificuldade superior ao 5.27, pois faz uso do apoio dos antebraços.

FIGURA 5.29 – Este exercício (prancha em decúbito ventral) é realizado em uma plataforma estável e é indicado também para iniciantes, porém, com um grau de dificuldade superior ao 5.28, pois faz uso do apoio dos antebraços sem o apoio dos joelhos.

FIGURA 5.30 – Este exercício (prancha em decúbito ventral) é realizado em uma plataforma estável e é indicado para intermediários, pois diminui o número de apoios, o que gera um grau de dificuldade superior ao 5.29.

FIGURA 5.31 – Este exercício, prancha em decúbito ventral, é realizado em uma plataforma instável e é indicado para intermediários.

FIGURA 5.32 – Este exercício, prancha em decúbito ventral com ação dinâmica, é realizado em uma plataforma instável e é indicado para avançados, pois, a partir da posição inicial (5.32), o indivíduo irá para a posição 5.31 e depois voltará para a posição 5.32.

FIGURA 5.33 – Este exercício, prancha em decúbito ventral, é realizado em uma plataforma instável e é indicado para intermediários.

FIGURA 5.34 – Este exercício, prancha em decúbito ventral com ação dinâmica dos membros inferiores, é realizado em uma plataforma instável e é indicado para avançados, pois, a partir da posição inicial (5.33), o indivíduo irá para a posição 5.34 e depois voltará para a posição 5.33.

Figura 5.35 – Este exercício, prancha em decúbito lateral, é realizado em uma plataforma estável e é indicado para iniciantes.

Figura 5.36 – Este exercício, prancha em decúbito lateral, é realizado em uma plataforma estável e é indicado para iniciantes, porém, possui um grau de dificuldade superior ao exercício anterior.

Treinamento complementar 139

Figura 5.37 – Este exercício, prancha em decúbito lateral, é realizado em uma plataforma estável e é indicado para intermediários, pois, com o aumento da área de superfície, o exercício fica mais difícil.

Figura 5.38 – Este exercício, prancha em decúbito dorsal, é realizado em uma plataforma estável e é indicado para iniciantes.

Figura 5.39 – Este exercício, prancha em decúbito dorsal, é realizado em uma plataforma estável e é indicado para iniciantes. Todavia, possui um grau de dificuldade superior ao anterior, em função da diminuição do número de apoios.

FIGURA 5.40 – Este exercício, prancha em decúbito dorsal, é realizado em uma plataforma estável e é indicado para intermediários.

FIGURA 5.41 – Este exercício, prancha em decúbito dorsal, é realizado em uma plataforma estável e é indicado para intermediários. Contudo, possui um grau de dificuldade superior ao anterior, em função da estabilização do quadril.

FIGURA 5.42 – Este exercício, prancha em decúbito dorsal, é realizado em uma plataforma instável e é indicado para iniciantes/intermediários.

FIGURA 5.43 – Este exercício, prancha em decúbito dorsal, é realizado em uma plataforma instável e é indicado para intermediários. Contudo, possui um grau de dificuldade superior ao anterior, em função da diminuição do número de apoios.

Figura 5.44 – Este exercício, agachamento em superfície estável com elástico, é indicado para iniciantes. Pode ser utilizado com um bastão a fim de oferecer maior apoio.

Figura 5.45 – Este exercício, agachamento unilateral em superfície estável com apoio da cadeira, é indicado para iniciantes. Pode ser utilizado com um bastão caso não haja uma cadeira.

Figura 5.46 – O agachamento unilateral em superfície estável é indicado para iniciantes, porém requer um grau de dificuldade superior ao exercício anterior.

FIGURA 5.47 – Este exercício, agachamento unilateral em superfície estável sem apoio e com sobrecarga (barra com elástico), é indicado para intermediários. A sobrecarga pode sofrer alterações de acordo com a resistência do elástico. Geralmente, quanto mais escura for a cor do elástico, maior será a intensidade.

FIGURA 5.48 – Este exercício, agachamento unilateral em superfície instável (*balance disc*) sem apoio e com sobrecarga (halter de mão), é indicado para intermediários e avançados. A sobrecarga pode sofrer alterações de acordo com o peso dos halteres.

Figura 5.49 (A e B) – Este exercício, agachamento unilateral em superfície estável com salto (*jump*) e troca de apoio, é indicado para avançados. Além da força, desenvolve também a coordenação.

Figura 5.50 – Este exercício, salto com resistência de elásticos (cinto de tração) em superfície estável, é indicado para intermediários. A sobrecarga pode sofrer alterações de acordo com a resistência do elástico.

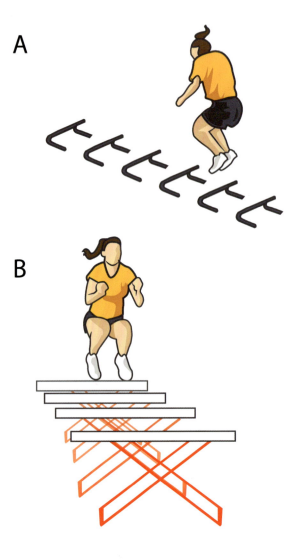

Figura 5.51 (A e B) – Este exercício, salto frontal sobre barreiras, é indicado para intermediários. A sobrecarga pode sofrer alterações de acordo com a altura da barreira.

Figura 5.52 – Este exercício é uma variação do 5.51.

Figura 5.53 – Este exercício, salto lateral sobre cone, é indicado para intermediários. A sobrecarga pode sofrer alterações de acordo com a altura do cone e/ou da distância horizontal estipulada para o salto.

Periodização 6

6.1 Introdução

Até pouco tempo atrás pesquisadores explicavam a *performance* esportiva como consequência de variáveis biológicas determinadas geneticamente e com ínfimas probabilidades de mudanças pelo ambiente (Machado, 2011). Hoje, entende-se que a genética conta muito, porém a influência do meio ambiente (fenótipo) causa mudanças significativas no indivíduo e pode ser determinante na formação de um atleta.

A periodização pode ser caracterizada como um processo contínuo, sistemático e científico, permitindo que os treinadores obtenham o máximo da *performance* de seus atletas e/ou alunos em um período de tempo determinado, em função de um objetivo preestabelecido.

Nos dias de hoje, com tantos avanços nos campos da ciência, tecnologia e equipamentos não há espaço no treinamento para a utilização de um só método, métodos ultrapassados ou simplesmente a improvisação típica de treinadores sem bases científicas. Somente um treinamento estruturado em bases científicas e aplicado de forma adequada pode trazer uma *performance* de forma rápida, eficiente e segura para o atleta (Machado, 2011).

A periodização deve ser simples e flexível, para que ajustes possam ser realizados a qualquer momento no treinamento (Bompa, 2002). Ela deve se basear nos resultados dos testes ou competições e na elaboração de um calendário das provas, para o planejamento da *performance* de forma equilibrada, de acordo com os objetivos e as metas traçadas no planejamento.

A cada período de tempo (2 a 3 meses) avalie as valências físicas independentemente e as compare com os objetivos e com relação à fase de treinamento em que o atleta se encontra (Moreira et al., 2004). Dessa forma, você conseguirá avaliar em que áreas o atleta ganhou, perdeu ou não obteve diferenças em seu rendimento, permitindo estabelecer parâmetros quanto aos pontos fracos e fortes do treinamento (Amorim, 2002).

A periodização vem sofrendo mudanças significativas ao longo dos anos, e com a evolução científica e tecnológica dos esportes, ela se modifica e cria novos parâmetros e conceitos sobre a melhor forma de distribuir as cargas de treinos ao longo do tempo, para alcançar o objetivo proposto: a *performance*.

A periodização passa por uma fase importante atualmente, uma vez que os modelos de treinamento são a cada dia modificados em função dos avanços tecnológicos e, com isso, ganham mais embasamento científico, deixando-os mais eficientes e seguros para os atletas e, consequentemente, para os alunos. Nesse conceito, há como um elemento de suma importância a quantificação de cargas, dando maior ênfase à intensidade do que ao volume.

Existem basicamente duas linhas de periodização: a primeira, denominada tradicional ou clássica, tem como seu idealizador o cientista Matveev, e se fundamenta na teoria da Síndrome da Adaptação Geral, trabalhando com o sistema de cargas em ondas e dividindo o processo em três etapas: preparação, competição e transição.

A segunda, conhecida como periodização em bloco ou contemporânea, tem como seu idealizador o cientista Verkhoshanshi, e se fundamenta na adaptação específica do atleta, permitindo que este possa alcançar múltiplos *peaks* em uma mesma temporada. Esse modelo baseia-se em quatro aspectos:

(1) Cargas de treinamento direcionadas em função da adaptação do organismo;
(2) Aplicação das cargas em períodos curtos de tempo;
(3) Melhoria do condicionamento, utilizando-se o efeito residual das cargas de trabalho;
(4) Enfoque no trabalho específico de treinamento.

Particularmente, o autor desta obra se identifica com o modelo integrador ou método de cargas integradas, proposto pelo cientista e ex-atleta Anatoliy Bondarchuk; após sua carreira brilhante como atleta, ele passou a desenvolver pesquisas em métodos de treinamento para alto rendimento, os quais foram as bases dos principais atletas da atualidade em esportes individuais.

Seu modelo divide o programa de treinamento em três fases (desenvolvimento, manutenção e regeneração), atuando diretamente sobre a condição inicial do atleta e/ou aluno; com isso, o praticante atinge sua forma em momentos diferentes. O planejamento está submetido às respostas dos diferentes tipos de treinos, sejam eles específicos ou complementares, e para a projeção de *performance* são levados em consideração todos os tipos de treinos.

O modelo proposto por Bondarchuk leva em consideração o efeito do treinamento realizado tanto pelos treinos específicos como pelos complementares, e cada indivíduo responde de uma forma diferenciada em função da magnitude da carga específica ou em função da magnitude da carga complementar.

No caso, em especial a corrida, pode-se entender como treino específico os treinos de corrida, sejam eles de ritmo, estabilidade ou longos, e os treinos complementares, como os treinos de força, coordenação, velocidade e flexibilidade. O diferencial desse método é entender o quanto o complementar pode potencializar o específico, ou melhor dizendo, treina-se menos e corre-se mais.

6.2 Estrutura da periodização

O objetivo da estrutura da periodização é a otimização dos resultados por meio de uma distribuição de cargas harmoniosa, bem como pela minimização dos riscos de lesões e de sobrecarga. A estrutura pode ser dividida em: sessão de treinamento, unidade de treinamento, microciclo, mesociclo e macrociclo.

(1) *Sessão de treinamento:* caracteriza-se por apresentar uma série de estímulos de curta ou longa duração, sendo a forma de aplicação da carga de trabalho (Verkhoshansky, 1996).

(2) *Unidade de treinamento*: é conhecida popularmente como dia de treinamento. Caracteriza-se por adequar a estrutura da sessão de treinamento com o ritmo biológico do atleta, tendo em vista otimizar a adaptação e, com isso, aumentar a capacidade de trabalho (Machado, 2011).

(3) *Microciclo:* caracteriza-se por combinar fase de estímulo e fase de recuperação, criando condições para que o organismo

se adapte ao estímulo e aumente a capacidade de trabalho (Dantas, 2003).

O microciclo é a menor unidade funcional da periodização, pois sua estrutura determina a qualidade do processo de treinamento e gera adaptação orgânica no indivíduo. A característica do microciclo deve ser dinâmica e vai variar em função da fase do treinamento (base ou específico) e da prioridade dos fatores de treinamento (Machado, 2011).

Para a montagem do microciclo, deve-se ser objetivo quanto à nossa meta, levando em consideração o número de sessões, volume, intensidade e nível técnico e tático do treinamento, assim como a variância das cargas que podem se caracterizar como a alternância entre as cargas altas e baixas, determinando a quantidade de sessões de treinamento em cada unidade de treinamento, e de que forma suas cargas de volume e intensidade serão distribuídas.

(4) *Mesociclo:* tem por objetivo determinar a característica do período de treinamento, possibilitando a harmonização da carga de trabalho. É aqui que se tem uma melhor definição dos objetivos e uma variação harmônica da carga de treinamento, gerando, com isso, uma melhor assimilação compensatória da carga de treino.

O mesociclo permite ao aluno/atleta uma assimilação compensatória mais eficiente durante o treinamento. A assimilação é extremamente importante, pois a variação da carga de trabalho é reduzida em determinados microciclos e a evolução da *performance* é obtida pelas cargas acumuladas (Machado, 2011).

Para que se realize uma perfeita progressão do condicionamento do aluno/atleta, durante o mesociclo, é necessário que o treinador respeite a reação do organismo, que pode se dividir em três fases (Figura 6.1): (1ª) fase de reação ativa, ocorre nas duas primeiras semanas do mês; (2ª) fase de reação estabilizadora, ocorre na 3ª semana do mês; e (3ª) fase de reação residual, ocorre na 4ª semana do mês. A Figura 6.1 foi adaptada em função da utilização das fases de adaptação orgânica para o mesociclo de 30 dias.

Durante a fase ativa, aplicam-se microciclos de incorporação ou ordinário, com o objetivo de se evitar um decréscimo do condicionamento; na fase de estabilização, aplica-se o microciclo de choque, para impor um aumento do condicionamento; e na fase residual, aplica-se um microciclo de recuperação com o objetivo de permitir que o organismo possa sofrer a recuperação total e estar pronto para um próximo período de estímulos (Machado, 2011).

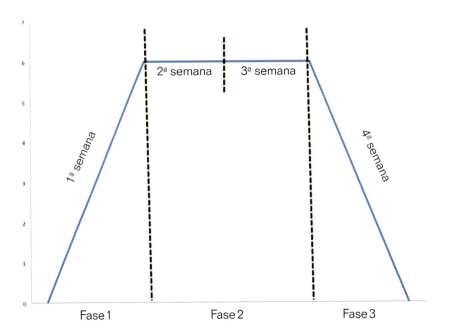

Figura 6.1 – Fases de reação orgânica.

(5) *Macrociclo:* é o planejamento do treinamento por um período de tempo predeterminado, com objetivos e metas preestabelecidos para gerar uma evolução na condição física do aluno/atleta (Verkhoshansky, 1996).

(a) *Macrociclo tradicional:* caracteriza-se por dar prioridade ao período de base do treinamento, tendo mais tempo dedicado à formação do aluno/atleta do que à *performance*. É ideal para iniciantes que devem aprimorar a técnica de execução da corrida.

(b) *Macrociclo* meeting: proposto por Dantas, caracteriza-se pela prioridade na *performance* e não na base, sendo ideal para um aluno/atleta que já tenha uma base de condicionamento e deseja elevar a *performance* em menos tempo que o modelo tradicional (Dantas, 2003). Esse modelo de periodização vem suprir uma necessidade atual do esporte mundial e permite que o aluno/atleta tenha em um ano até 4 *peaks* de *performance*.

Pode-se dividir o macrociclo em três momentos, sendo eles (Machado, 2011):

- *Fase de preparação* – nesta fase os atletas são levados ao aumento da capacidade motora, até o ponto máximo. Divide-se a fase de preparação em duas etapas:
- *Preparação básica* – nesta fase predomina o volume de treinamento, em que o atleta tem um aumento do condicionamento, força, coordenação dos movimentos e aperfeiçoamento da técnica de corrida.
- *Preparação específica* – nesta fase a intensidade do treinamento aumenta e o treinamento vai sendo direcionado para a prova escolhida. A preparação para o percurso da prova é importante, não se esqueça de que é neste período que elas ocorrem (subidas e descidas). Assim, a preparação para as altas e baixas temperaturas também ocasiona o que se chama de aclimatação.

- *Fase de* performance – é nesta fase que os atletas realizam as competições, quando se encontram no ponto máximo de seu condicionamento, denominado *peak*.
- *Fase de transição* – o objetivo desta fase é a recuperação dos atletas, normalmente sua duração gira em torno de 30 dias. Embora seja vulgarmente conhecida como férias, não há interrupção do treinamento, mas quebra no ritmo (diminuição da carga de trabalho) e estímulos diferenciados ao que os atletas eram submetidos (Zakharov, 1992).

O modelo contemporâneo tem suas particularidades quanto à estrutura do planejamento do treinamento, sendo seu idealizador defensor da ideia de que o treinamento deve provocar adaptações no organismo de forma gradativa e concentrada (Gomes, 2009). Com isso, adota três fases, sendo elas:

- *Programação*: fase em que ocorre a determinação da estratégia de estruturação e a forma de treinamento;
- *Organização*: fase de realização prática do programa, considerando as condições reais do atleta; e
- *Controle*: fase em que são estabelecidos os critérios com o objetivo de informar periodicamente o nível de adaptação do atleta.

O período de treinamento é dividido em três blocos de trabalhos, que tem como principal característica a grande concentração de cargas nos exercícios específicos. Essa característica permite uma intensificação do treinamento, gerando uma resposta mais eficiente da *performance* do aluno/atleta (Arruda et al., 1999; Machado, 2011).

Bloco A: a principal função deste bloco é a preparação do sistema locomotor e tem como característica um grande volume. A duração deste bloco é de aproximadamente 2 meses.

Bloco B: neste bloco ocorre o aperfeiçoamento das capacidades competitivas do aluno/atleta, com a diminuição do volume. Nesta fase o aluno/atleta poderá participar de algumas competições de menor importância para o *feedback* da condição física. Este bloco tem a duração de aproximadamente 2 meses.

A principal característica deste bloco é a utilização da preparação especial. Neste momento ocorre o fenômeno denominado Efeito Posterior Duradouro do Treinamento (EPDT), favorecendo o desenvolvimento eficaz da técnica específica, velocidade e força em níveis superiores aos obtidos pelo método clássico (Machado, 2011).

Bloco C: tem como principal característica a alta intensidade e exercícios especiais; com isso, o aluno/atleta reage de forma eficaz às cargas do bloco anterior, gerando níveis ótimos para a *performance*. Neste bloco estão inseridas as competições de maior importância com a duração aproximada de 30 a 120 dias.

6.3 Tipos de microciclo e mesociclo

A periodização perfeita permite ao aluno/atleta chegar ao *peak* próximo da competição-alvo, utilizando-se para isso da correta metodologia dos princípios científicos do treinamento, do conhecimento sobre a fisiologia do exercício e da manipulação eficiente das cargas, dentro dos períodos lógicos de treinamento: os microciclos e os mesociclos (Machado, 2011).

Os microciclos e os mesociclos são unidades funcionais do treinamento, pois neles ocorrem toda a adaptação do organismo. Os mesociclos são formados por microciclos; cada microciclo tem um objetivo em particular, e a forma como são distribuídos dentro do mesociclo determina o seu tipo. A seguir, os tipos de microciclo e de mesociclo.

6.3.1 Tipos de microciclo

- *Microciclo de incorporação:* caracteriza-se por fazer a transição do atleta de um período de férias para um período de treinamento com estímulos não muito fortes.
- *Microciclo ordinário:* caracteriza-se por apresentar estímulos com cargas moderadas e homogêneas nos três primeiros dias, com o objetivo de aumentar o condicionamento ou apenas mantê-lo pelo efeito sucessivo das cargas de trabalho.
- *Microciclo de choque:* caracteriza-se pela aplicação de cargas próximas da máxima, cargas máximas e supramáximas. A sobrecarga imposta neste microciclo constitui o fator de maior influência sobre a adaptação do organismo. Por isso, a aplicação deste microciclo deve vir sempre acompanhada de um microciclo de recuperação para não sobrecarregar o organismo do atleta.

Outra característica deste microciclo são suas duas estruturas, em que uma é mais utilizada na fase de preparação, e a outra, na fase de competição.

- *Microciclo recuperativo:* caracteriza-se por apresentar uma sobrecarga reduzida e um número de dias de recuperação maior. Possibilita ao atleta a recuperação orgânica para uma nova fase de estímulos.

- *Microciclo pré-competitivo e competitivo:* estes microciclos procuram adequar o atleta às condições específicas da prova ou das provas, por isso, não têm uma estrutura predeterminada, mas variam de acordo com as características determinantes do atleta e da prova.

6.3.2 Tipos de mesociclo

- *Mesociclo de incorporação:* este mesociclo tem por objetivo permitir que o atleta saia de um período de férias ou de transição e volte ao treinamento; ele é composto basicamente por quatro microciclos, nesta ordem – incorporação, ordinário, ordinário, recuperação.
- *Mesociclo básico:* este mesociclo é aplicado no meio das fases de preparação e específica; tem por objetivo proporcionar as adaptações objetivadas pelo treinador junto ao atleta, em função de seu ciclo de competições. É composto por quatro microciclos, nesta ordem – ordinário, ordinário, ordinário, recuperação, sendo que no período de base ele tem uma característica de cargas crescentes dos mesociclos, e no período específico tem uma característica ondulatória das cargas do mesociclo.
- *Mesociclo estabilizador:* este mesociclo tem por objetivo estabilizar a condição adquirida por meio de sua distribuição dos tipos de microciclos. É composto por quatro microciclos, nesta ordem – ordinário, ordinário, choque, recuperação; os micro-ordinários têm um carga de trabalho igual, possibilitando a manutenção da condição adquirida.
- *Mesociclo recuperativo:* é utilizado no período de transição, tem por objetivo possibilitar a recuperação do atleta. Sua

composição se dá por meio de quatro microciclos, nesta ordem – recuperação, recuperação, ordinário, recuperação.

- *Mesociclo pré-competitivo:* geralmente é utilizado um mês antes da competição e tem por objetivo modular as respostas fisiológicas do atleta para a competição-alvo, deixando-o no ponto máximo da *performance*. Alguns estudiosos trabalham com um mesociclo composto por dois microciclos de choques seguidos de dois microciclos de recuperação, porém, dependendo da modalidade esportiva, esta escolha pode fazer que o atleta tenha uma queda na curva de rendimento sendo prejudicial para a *performance*.

- *Mesociclo competitivo:* este mesociclo tem por objetivo manter a condição máxima do atleta para que ele possa obter o máximo de rendimento nas competições. Não existe uma estrutura de microciclos para este mesociclo, sendo montada de acordo com o tipo de modalidade esportiva e resposta fisiológica do atleta.

6.4 Periodização aplicada à corrida de rua

A corrida de rua deixou de ser uma prática somente esportiva de alta *performance* e se tornou o esporte que mais cresce no mundo. Hoje, a maior parte de seus praticantes no Brasil e no mundo busca uma melhor qualidade de vida por meio da corrida.

A periodização é o planejamento detalhado do treinamento, cujo principal objetivo consiste em otimizar a *performance*, de modo que ela ocorra no momento propício. A história da periodização está intrinsicamente relacionada aos avanços científicos e tecnológicos ligados ao treinamento esportivo. Hoje, no treinamento esportivo, não há espaço para métodos empíricos baseados no acaso ou na improvisação.

O sucesso da periodização depende de uma correta elaboração das sessões de treinamento, distribuídas dentro de mesociclos, que, por sua vez, são distribuídos dentro do macrociclo. Tudo isso sustentado por teorias científicas e a partir de pesquisas na área da fisiologia, da mecânica e da metodologia do esporte.

Atualmente, para se manter competitivo, o treinador deve dominar os métodos e maneiras mais atuais de periodização, atendendo às necessidades dos extensos e concorridos calendários de competições de seus atletas. Há quem pense que o corredor amador ou aquele que busca a melhor forma ou melhor qualidade de vida, por meio da corrida, não precise fazer um treino periodizado.

A periodização é a segurança do treinador e do aluno/atleta para que se possa atingir o seu objetivo de forma eficiente e segura. Sem uma correta periodização não se tem um parâmetro de controle da *performance*.

Não se apresenta aqui modelos definitivos de periodização, o objetivo é ilustrar as diversas possibilidades de periodização para as diversas provas, abordando dois tipos de planilha para cada prova, uma para o aluno que vai realizá-la pela primeira vez e, a outra, para baixar o tempo na prova.

Aqui utiliza-se uma estrutura de planejamento mais tradicional, sendo: macrociclo de 3 meses, mesociclo de 1 mês, microciclo de 1 semana e uma sessão de treinamento por unidade de treino, podendo ser visualizados nos Quadros (6.1, 6.2 e 6.3).

Quadro 6.1 – Exemplo de mapa de macrociclo

Micro 1	Micro 2	Micro 3	Micro 4	Micro 5	Micro 6	Micro 7	Micro 8	Micro 9	Micro 10	Micro 11	Micro 12
MESOCICLO 1				MESOCICLO 2				MESOCICLO 3			
MACROCICLO 1											

Quadro 6.2 – Exemplo de mapa de mesociclo

1	2	3	4	5	6	7	8	9	10	11	12	13	14	15	16	17	18	19	20	21	22	23	24	25	26	27	28
MICROCICLO 1							MICROCICLO 2							MICROCICLO 3							MICROCICLO 4						
MESOCICLO 1																											
MACROCICLO 1																											

Quadro 6.3 – Exemplo de mapa de microciclo

Descrição do treino	Descrição do treino	Descrição do treino	Descrição do treino	Descrição do treino	Descrição do treino	Descrição do treino
1 segunda-feira	2 terça-feira	3 quarta-feira	4 quinta-feira	5 sexta-feira	6 sábado	7 domingo
MICROCICLO 1						
MESOCICLO 1						
MACROCICLO 1						

Os macrociclos foram estruturados respeitando os princípios do treinamento, possibilitando uma adaptação orgânica do aluno/atleta ideal para as provas. No caso específico da maratona (42 km), aconselha-se a utilização de dois macros de 3 meses para a primeira maratona, levando em consideração que o aluno/atleta já correu pelo menos uma vez a prova de 21 km.

Os modelos propostos levam em consideração alguns princípios básicos de acordo com a filosofia de prescrição: primeiro princípio, da eficiência. O treinamento deve ser eficiente para que o aluno possa curtir toda a prova e ter uma boa lembrança da experiência de participar de uma corrida; ele deve terminar uma prova e não sobreviver a ela. Segundo princípio, da segurança. O treinamento não deve expor o aluno/atleta a altos índices de cargas, seja pelo volume ou pela intensidade, pois o ideal é que ocorra o aumento das cargas de treinos, respeitando suas adaptações orgânicas aos estímulos.

Um terceiro princípio utilizado é o que se denomina princípio da superação, que nada mais é que a prova-alvo ou distância-alvo a ser superada em determinado período de tempo.

Na planilha de treino ou no microciclo, utiliza-se uma nomenclatura diferenciada para facilitar o entendimento e evitar uma planilha poluída com muitas informações.

- *Siglas utilizadas nas planilhas*
  - Caminhada – CA.
  - Corrida – CO.
  - Treinamento *Fartleck* – TF.
  - Treino Longo – TL.
  - Treino de Estabilidade – TE.
  - Treino Regenerativo – TR.
  - Treino de Ritmo – TRT.
  - Treino Intervalado – TI.

> Exemplo: TI (1 CO x 2 CA = 30 min), um minuto de corrida (estímulo) por dois minutos de caminhada (recuperação), totalizando 30 minutos de exercício.

  - Trabalho Técnico – TT.
  - Trabalho Técnico Combinado – TTC.
  - Treinamento Força/Funcional/Flexibilidade – T3F.
  - Treinamento Corridar *Indoor* – TCI.
  - Treinamento Corrida Aquática – TCA.
  - Recuperação Ativa (caminhada ou corrida de baixa velocidade em minutos ou segundos) – RA.

> Exemplo: RA5m, trabalho de recuperação ativa por 5 minutos ou RA30s, trabalho de recuperação ativa por 30 segundos.

- Recuperação Passiva – RP.

> Exemplo: RP3m, trabalho de recuperação passiva por 3 minutos ou RP30s, trabalho de recuperação passiva por 30 segundos.

- Distância de Prova e Ritmo de Prova – DPRP.
- Dia de Descanso – *Off*.

6.4.1 Planejando o treinamento

O planejamento do treinamento deve ser dividido em três etapas distintas: diagnóstico, elaboração e execução.

- *Diagnóstico* – nesta fase o treinador deve colher o máximo de informações que sejam de suma importância para a elaboração do treinamento.
- *Elaboração* – aqui o treinador irá elaborar todo o treinamento passo a passo, de acordo com as informações.
- *Execução* – é a parte prática, ou seja, o treinador aplica o que foi elaborado e avalia a resposta do aluno/atleta e ajusta o treinamento, se preciso for.

Após a fase de diagnóstico vem a fase de elaboração do treinamento, que é a mais difícil, pois nesta fase os treinadores determinam o quão e como o aluno/atleta vai correr.

Existem dois tipos de características no programa de treinamento: a mais tradicional que se baseia no volume de treinamento e outra, que se baseia na intensidade sobre o volume (Machado, 2011).

O segundo método, que é caracterizado como inovador, preconiza um menor volume semanal e uma ênfase no trabalho de intensidade. É a base teórica da metodologia de treinamento de corrida VO2PRO, que vem se destacando no Brasil desde seu lançamento, em 2011. Essa teoria de priorizar a intensidade não é um fator novo: em 1882, Walter George estabeleceu vários recordes em provas de 1.600 a 16.000 metros, treinando apenas em esteira um percurso de 3.200 metros por dia (Machado, 2011).

Em 1954, Roger Banister tornou-se o primeiro homem a correr uma milha em menos de 4 minutos (3min59s), treinando apenas 6 tiros de 400 metros por sessão (Machado, 2011).

Em contrapartida, alguns técnicos utilizam o método de maior volume e justificam sua escolha com base nos resultados alcançados, historicamente, até hoje. Embora haja um grande consenso entre os treinadores de que quanto maior o volume semanal rodado, maiores serão as chances de lesão durante o macrociclo de treinamento, ainda assim, preferem trabalhar com esse método. O aumento na carga de volume durante o treinamento não garante, necessariamente, um bom resultado.

Comparando alguns técnicos de alto rendimento de todo o mundo, percebeu-se que alguns deles trabalhavam com controle de cargas com base na resposta do lactato sanguíneo, e adotavam recuperações curtas durante os treinos intervalados, priorizando a intensidade do treinamento. Já outros técnicos baseavam seu treinamento somente no componente aeróbio, ou seja, priorizavam o volume de treinamento.

Assim, fica difícil decidir qual método é o mais eficiente, então, o que se aconselha é a adoção de um modelo estratégico e lógico com base nos Princípios do Treinamento Desportivo, respeitando a individualidade biológica de cada corredor.

No macrociclo, não priorize somente volume ou somente intensidade, caso seja um corredor iniciante ou que irá treinar pela primeira vez para aquela prova, pois será necessário que o macrociclo tenha, pelo menos,

50% do treinamento com prioridade no volume. Para corredores com um lastro maior de treinamento e que desejam baixar suas marcas, priorize mais intensidade no macrociclo, com pelo menos 55% do treinamento privilegiando a intensidade.

6.4.2 Planilhas de treinos

Aqui se trabalhará com planilhas para cinco diferentes distâncias, sendo: 5, 10, 15, 21 e 42 km; e com duas abordagens distintas para cada uma delas.

Na primeira planilha, o aluno irá superar a distância; será a primeira vez que correrá essa distância, e a carga de treino será por variável fisiológica (FC, VO_2, LL).

Na segunda planilha, o aluno superará sua marca anterior àquela prova; ou seja, trabalha-se para diminuir o tempo na prova, e a carga de treino será por variável física (*pace*).

Como parâmetro de controle da intensidade da variável fisiológica, será utilizada a Tabela 6.1, e como parâmetro de volume, as distâncias preconizadas, diretamente, nas planilhas.

Tabela 6.1 – Relação de objetivos de treinamento, zona de trabalho, intensidade pela frequência cardíaca e concentração de lactato (Gomes, 2010)

Treinamento	Características	Zona	% VO_2 máx	Lactato Mmol/l)
Aeróbia de regeneração	O abastecimento de energia se dá, principalmente, pela oxidação das gorduras.	Z1	40-70	± 2
Aeróbia de desenvolvimento	O abastecimento de energia se dá, principalmente, pelo glicogênio muscular e pela glicose.	Z2	60-90	± 4

Continua

Continuação

Treinamento	Características	Zona	% VO$_2$ máx	Lactato Mmol/l)
Aeróbia/ Anaeróbia	O abastecimento de energia se dá, principalmente, pelos hidratos de carbono.	Z3	80-100	8-10
Anaeróbia glicolítica	O abastecimento de energia se dá, principalmente, pelos hidratos de carbono de forma aeróbia e anaeróbia.	Z4	100-80	10-20
Anaeróbia alática	Trabalho de curta duração: 15 a 20 s, por isso, não ocorre acúmulo de lactato, e o bpm e a ventilação não atingem valores altos.	Z5	–	–

Nossa sessão de treino é dividida em quatro partes, sendo elas: aquecimento, treino técnico, treino específico e volta à calma.

O *aquecimento* deve durar entre 5 e 15 minutos, já o *treino técnico* deve priorizar exercícios que façam o aluno aprender, aperfeiçoar ou otimizar a corrida.

O trabalho de *volta à calma* é, basicamente, constituído de alongamento e relaxamento.

No *treino técnico,* pode-se acrescentar o *trabalho de força* e também o *trabalho funcional* para um melhor desenvolvimento da técnica.

O *treino de força e funcional* tem por objetivo otimizar a *performance* da corrida. Com isso, os exercícios devem priorizar a locomoção e o controle do movimento.

6.4.3 Programa de treinamento para corredores iniciantes que desejam concluir sua 1ª prova de 5 km

Este pode ser um dos maiores desafios para quem vai começar a correr, não pelo esforço, mas pela mudança de comportamento. Sair de um estado de sedentarismo e optar pela vida ativa é uma escolha que o aluno tem de estar disposto a fazer, não somente por um impulso ou movido pelos amigos, mas, sim, pela vontade de mudar.

O cenário aqui é um indivíduo sedentário que não pratica atividade física regular há, pelo menos, 3 anos. Gênero masculino, 42 anos de idade, massa corporal de 98 kg e estatura de 1m78cm. Executivo que trabalha em escritório. Está com IMC de 31, o que caracteriza obesidade grau 1.

Busca na corrida não só uma prática regular de atividade física, mas, também, uma ferramenta para sair do estado de obesidade e melhorar sua autoestima.

O aluno irá treinar três vezes na semana: terças, quintas e sábados. Lembrando que o indivíduo não sabe correr e que esta será uma nova atividade para ele – ainda que saiba que a corrida é uma atividade natural do ser humano –, o aluno terá de reaprender a correr para poder ir o mais longe e mais rápido que puder (Tabela 6.2).

Tabela 6.2 – Planilha de corrida para 5 km iniciante

Dia Semana	2ª	3ª	4ª	5ª	6ª	sábado	domingo
1º	off	TF (25 min)	off	TI – 1co (Z1) x 3ca = 40 min	off	TF (30 min)	off
2º	off	TI – 1co(Z1) x 3ca = 40 min	off	TF (30 min)	off	TI – 1co (Z1) x 3ca = 40 min	off
3º	off	TF (35 min)	off	TI – 2co (Z1) x 3ca = 50 min	off	TF (40 min)	off
4º	off	TI – 1co(Z2) x 3co(Z1)= 40 min	off	TF – 35 min (Z1)	off	TI – 1co(Z2) x 3co(Z1)= 40 min	off
5º	off	TI – 2co(Z2) x 3co(Z1)= 50 min	off	TF – 35 min (Z1)	off	TI – 1co(Z2) x 3co(Z1)= 40 min	off
6º	off	TI – 2co(Z2) x 3co(Z1)= 50 min	off	TI – 2co(Z2) x 3co(Z1)= 50 min	off	TF – 3 km (Z1)	off
7º	off	TI – 2co(Z2) x 2co(Z1)= 40 min	off	TI – 1co(Z3) x 3co(Z1)= 40 min	off	TF – 3 km (Z1)	off
8º	off	TI – 2co(Z2) x 3co(Z1)= 50 min	off	TI – 1co(Z3) x 3co(Z1)= 40 min	off	TF – 4 km (Z1)	off
9º	off	TI – 2co(Z2) x 3co(Z1)= 50 min	off	TI – 1co(Z3) x 3co(Z1)= 40 min	off	TRT – 2,5 km (Z2)	off
10º	off	TI – 1co(Z3) x 3co(Z1)= 40 min	off	TI – 1co(Z3) x 3co(Z1)= 40 min	off	TF – 5 km (Z1)	off
11º	off	TRT – 2,5 km (Z2)	off	TI – 1co(Z3) x 3co(Z1)= 40 min	off	TF – 6 km (Z1)	off
12º	off	TRT – 2,5 km (Z2)	off	TR – 2 km (Z1)	off	off	Competição 5 km

6.4.4 Programa de treinamento para corredores que desejam abaixar o seu tempo na prova de 5 km

Após 3 meses de treinamento, o aluno está pronto para encarar um novo desafio, o de baixar sua marca nos 5 km. Este macrociclo é de 3 meses, mas é possível ajustá-lo, se for necessário, para 2 meses. A partir desse ponto, é essencial o treinamento complementar (força/funcional/flexibilidade).

Continua-se trabalhando três vezes na semana: terças, quintas e sábados. No treino longo (TL), trabalha-se com distância de 8 km; no treino de estabilidade (TE), trabalha-se com distâncias de 4 km; e nos treinos de ritmo (TRT), com distâncias de 3 km (Tabela 6.3).

Tabela 6.3 – Planilha de corrida para 5 km com objetivo de melhorar a marca

Dia Semana	2ª	3ª	4ª	5ª	6ª	sábado	domingo
1º	off	3 km (Z3)	off	4 km (Z2)	off	8 km (Z1)	off
2º	off	3 km (Z3)	off	4 km (Z2)	off	8 km (Z1)	off
3º	off	3 km (Z3)	off	4 km (Z2)	off	8 km (Z1)	off
4º	off	3 km (Z3)	off	4 km (Z2)	off	8 km (Z1)	off
5º	off	3 km (Z3)	off	4 km (Z2)	off	8 km (Z1/Z2)	off
6º	off	3 km (Z3)	off	4 km (Z2)	off	8 km (Z1/Z2)	off
7º	off	3 km (Z3)	off	4 km (Z2)	off	8 km (Z1/Z2)	off
8º	off	3 km (Z3)	off	TI – 5 x 500 m (Z3) Ra 5 min	off	TI – 5 x 500 m (Z3) Ra 5 min	off
9º	off	3 km (Z3)	off	TI – 6 x 500 m (Z3) Ra 5 min	off	TI – 6 x 500 m (Z3) Ra 5 min	off
10º	off	3 km (Z3)	off	TI – 10 x 200 m (Z4) Rp 3 min	off	8 km (Z1/Z2)	off
11º	off	3 km (Z3)	off	4 km (Z2)	off	TI – 10 x 200 m (Z4) Rp 3 min	off
12º	off	3 km (Z3)	off	TR – 3 km (Z1)	off	off	Competição 5 km

6.4.5 Programa de treinamento para corredores que desejam concluir sua 1ª prova de 10 km

A prova de 10 km é a primeira grande distância a ser superada e uma das provas mais populosas dos circuitos, pois 10 km é a distância preferida da maioria dos corredores. Costuma-se dizer que 10 km é a prova de acesso para outras provas com distâncias maiores, como a meia maratona e a maratona.

Com 6 meses de treinamento orientado, o aluno já está bem preparado para os 10 km. Esta prova, em particular, não exige muita técnica, assim como os 5 km, porém é notório os corredores, que as fazem com técnica, destacam-se muito em relação aos outros.

Continua-se, ainda, trabalhando três vezes durante a semana: terças, quintas e sábados. No treino longo (TL), trabalha-se com distância inicial de 10, progredindo até chegar a 12 km; no treino de estabilidade (TE), trabalha-se com distâncias de 7 km; e nos treinos de ritmo (TRT), com distâncias de 5 km (Tabela 6.4).

Tabela 6.4 – Planilha de corrida para os primeiros 10 km

Dia Semana	2ª	3ª	4ª	5ª	6ª	sábado	domingo
1º	off	5 km (Z2/Z3)	off	7 km (Z2)	off	10 km (Z1)	off
2º	off	5 km (Z2/Z3)	off	7 km (Z2)	off	10 km (Z1)	off
3º	off	5 km (Z2/Z3)	off	7 km (Z2)	off	10 km (Z1)	off
4º	off	5 km (Z2/Z3)	off	7 km (Z2)	off	10 km (Z1)	off
5º	off	5 km (Z2/Z3)	off	TI – 8 x 500 m (Z3) Ra 5 min	off	11 km (Z1)	off
6º	off	5 km (Z2/Z3)	off	TI – 8 x 500 m (Z3) Ra 5 min	off	11 km (Z1)	off
7º	off	5 km (Z2/Z3)	off	TI – 4 x 500 m (Z4) Ra 5 min	off	11 km (Z1)	off
8º	off	5 km (Z2/Z3)	off	TI – 4 x 500 m (Z4) Ra 5 min	off	11 km (Z1)	off
9º	off	5 km (Z2/Z3)	off	TI – 12 x 200 m (Z4) Rp 5 min	off	12 km (Z1)	off
10º	off	5 km (Z2/Z3)	off	TI – 12 x 200 m (Z4) Rp 5 min	off	12 km (Z1)	off
11º	off	5 km (Z2/Z3)	off	TI – 12 x 200 m (Z4) Rp 4 min	off	10 km (Z1/Z2)	off
12º	off	5 km (Z2/Z3)	off	5 km (Z1)	off	off	Competição 10 km

6.4.6 Programa de treinamento para corredores que desejam abaixar o seu tempo na prova de 10 km

Após concluir sua primeira prova de 10 km, o próximo objetivo será baixar a sua marca e, para isso, aumenta-se o número de dias de treino, de três para quatro vezes na semana. Com base neste modelo, trabalha-se com *paces*-alvo para os treinos.

Para isso, trabalha-se com o resultado da prova de 10 km, que foi 83 min de prova ou 1h23min, o que corresponde a 8 minutos por quilômetro ou 7 km/h. A meta será concluir a prova em 1h15min, o que corresponde a 7min3s por quilômetro ou 8 km/h.

Será utilizada a mesma estrutura de treinos: treinos de ritmo (TRT) com 5 km; treinos de estabilidade (TE) com 8 km; e treinos longos (TL), a partir de 12 km e progressivo, até chegar a 14 km. Também se utiliza um recurso que é o treino especial com a distância de prova e ritmo de prova (DPRP), no final do primeiro e do segundo mês, para poder ajustar o treinamento caso necessário. Entre parêntese a intensidade pela variável física (*pace*) do treino (Tabela 6.5). Neste macrociclo utiliza-se uma distribuição de carga de forma linear, porém não constante, com alguns breves períodos de estabilização, como pode ser observado na 3ª semana em relação à 2ª e na 6ª semana, em relação à 5ª.

Tabela 6.5 – Planilha de corrida para baixar a marca nos 10 km

Dia Semana	2ª	3ª	4ª	5ª	6ª	sábado	domingo
1º	off	5 km (7 min/km)	5 km (7 min/km)	8 km (8 min/km)	off	12 km (9 min/km)	off
2º	off	5 km (6min50s/km)	5 km (7 min/km)	8 km (8 min/km)	off	12 km (9 min/km)	off
3º	off	5 km (6min50s/km)	5 km (7 min/km)	8 km (8 min/km)	off	12 km (9 min/km)	off
4º	off	5 km (7 min/km)	5 km (7 min/km)	5 km (8 min/km)	off	10 km DPRP	off
5º	off	5 km (6min45s/km)	5 km (6min50s/km)	8 km (7min50s/km)	off	13 km (9 min/km)	off
6º	off	5 km (6min45s/km)	5 km (6min50s/km)	8 km (7min50s/km)	off	13 km (9 min/km)	off
7º	off	5 km (6min40s/km)	TI – 8 x 500 m (Z3) Ra 5 min	8 km (7min45s/km)	off	13 km (9 min/km)	off
8º	off	5 km (7 min/km)	TI – 8 x 500 m (Z3) Ra 5 min	5 km (8 min/km)	off	DPRP	off
9º	off	TI – 8 x 500 m (Z3) Ra 5 min	8 km (7min45s/km)	TI – 5 x 400 m (Z4) Rp 5 min	off	14 km (9 min/km)	off
10º	off	TI – 8 x 500 m (Z3) Ra 5 min	8 km (7min40s/km)	TI – 5 x 400 m (Z4) Rp 5 min	off	14 km (9 min/km)	off
11º	off	TI – 8 x 500 m (Z3) Ra 5 min	5 km (7min35s/km)	TI – 5 x 400 m (Z4) Rp 5 min	off	14 km (9 min/km)	off
12º	off	TI – 5 x 400 m (Z4) Rp 5 min	5 km (8 min/km)	3 km (8 min/km)	off	off	Competição 10 km

6.4.7 Programa de treinamento para corredores que desejam concluir sua 1ª prova de 15 km

Trabalha-se três vezes na semana: terças, quintas e sábados. No treino longo (TL) trabalhar-se-á com distância inicial de 14 km, progredindo até chegar a 20 km; no treino de estabilidade (TE) trabalhar-se-á com distâncias de 12 km; e nos treinos de ritmo (TRT), com distâncias de 7 km.

O objetivo é vencer a distância dos 15 km de forma eficiente e segura (Tabela 6.6).

Tabela 6.6 – Planilha de corrida para os primeiros 15 km

Dia Semana	2ª	3ª	4ª	5ª	6ª	sábado	domingo
1º	off	7 km (Z2)	off	12 km (Z1/Z2)	off	14 km (Z1)	off
2º	off	7 km (Z2/Z3)	off	12 km (Z1/Z2)	off	14 km (Z1)	off
3º	off	7 km (Z2)	off	12 km (Z1/Z2)	off	14 km (Z1)	off
4º	off	7 km (Z2)	off	12 km (Z1/Z2)	off	16 km (Z1)	off
5º	off	7 km (Z2/Z3)	off	12 km (Z1/Z2)	off	16 km (Z1)	off
6º	off	7 km (Z2)	off	12 km (Z1/Z2)	off	16 km (Z1)	off
7º	off	7 km (Z2)	off	12 km (Z1/Z2)	off	18 km (Z1)	off
8º	off	7 km (Z2/Z3)	off	12 km (Z1/Z2)	off	18 km (Z1)	off
9º	off	7 km (Z2)	off	12 km (Z1/Z2)	off	18 km (Z1)	off
10º	off	7 km (Z2)	off	10 km (Z2)	off	20 km (Z1)	off
11º	off	7 km (Z2/Z3)	off	10 km (Z1/Z2)	off	20 km (Z1)	off
12º	off	7 km (Z2/Z3)	off	7 km (Z2)	off	off	Competição 15 km

6.4.8 Programa de treinamento para corredores que desejam abaixar o seu tempo na prova de 15 km

A partir de agora, o treinamento fica mais difícil? Ou mais desafiador? As rotinas de treinos começam a exigir não só dedicação aos treinos mas, também, recuperação, alimentação regrada e toda uma mudança de comportamento.

Após concluir a primeira prova de 15 km, o próximo objetivo será baixar a sua marca e, para isso, aumenta-se o número de dias de treino, de três para quatro vezes na semana.

O resultado da prova dos 15 km, que foi de 1h52min ou 112 minutos que correspondem a 7min28s/km ou 8 km/h será trabalhada agora. A meta será concluir a prova em 1h40min ou 100 minutos, que correspondem a 6min40s por quilômetro ou 9 km/h.

No treino longo (TL), trabalhar-se-á com a distância de 20 km; no treino de estabilidade (TE) trabalhar-se-á com distâncias de 12 km; e nos treinos de ritmo (TRT), distâncias de 7 km (Tabela 6.7).

Utiliza-se, também, o recurso do treino especial com a distância de prova e ritmo de prova (DPRP), com o objetivo de ajustar o treinamento, se necessário, no final dos primeiro e segundo meses. Entre parênteses, na planilha, consta a intensidade do treino pela variável física (*pace*).

Tabela 6.7 – Planilha de corrida para baixar a marca nos 15 km

Dia Semana	2ª	3ª	4ª	5ª	6ª	sábado	domingo
1º	off	7 km (6 min/km)	7 km (6 min/km)	12 km (7 min/km)	off	20 km (8 min/km)	off
2º	off	7 km (6 min/km)	7 km (6 min/km)	12 km (7 min/km)	off	20 km (8 min/km)	off
3º	off	7 km (5min50s/km)	7 km (5min50s/km)	12 km (7 min/km)	off	20 km (8 min/km)	off
4º	off	7 km (6 min/km)	7 km (6 min/km)	10 km (6 min/km)	off	DPRP	off
5º	off	5 x 1km Ra 5 min	10 km (6 min/km)	5 x 1km Ra 5 min	off	20 km (8 min/km)	off
6º	off	5 x 1km Ra 5 min	10 km (6 min/km)	5 x 1km Ra 5 min	off	20 km (8 min/km)	off
7º	off	7 km (5min45s/km)	7 km (5min45s/km)	12 km (7 min/km)	off	20 km (8 min/km)	off
8º	off	5 x 1km Ra 5 min	10 km (6 min/km)	5 x 1km Ra 5 min	off	20 km (8 min/km)	off
9º	off	10 x 400 m Rp 3 min	10 km (6 min/km)	5 x 1km Ra 5 min	off	20 km (8 min/km)	off
10º	off	10 km (6 min/km)	10 x 400 m Rp 3 min	5 x 1km Ra 5 min	off	10 km (6 min/km)	off
11º	off	10 x 400 m Rp 3 min	10 km (6 min/km)	10 x 400 m Rp 3 min	off	10 km (6 min/km)	off
12º	off	10 km (6 min/km)	5 km (6 min/km)	5 km (6 min/km)	off	off	Competição 15 km

6.4.9 Programa de treinamento para corredores que desejam concluir sua 1ª prova de 21 km

Este será o último desafio antes da maratona de 21 km; pode-se dizer que esta prova é aquela que divide corredores de amadores, pois para terminar uma prova de 21 km é necessário ter *know-how* em corridas. Como o objetivo é vencer esta distância pela primeira vez, sem preocupar-se com o tempo, deve-se manter a estratégia de progressão da *performance*.

São apenas 6 km que separam os 21 km dos 15 km, porém, 6 km que fazem a diferença. Para esta distância, trabalha-se com uma frequência de cinco vezes na semana, pois o volume de treino aumenta e fracioná-lo em várias sessões é uma boa estratégia. Para esta frequência de treino semanal, faz-se necessária a introdução do treino regenerativo (TR) que será trabalhado com uma distância de 5 km; para o treino de ritmo (TRT), 10 km; para o treino de estabilidade (TE), 15 km e para o longo (TL); distâncias progressivas a partir de 22 km até 28 km (Tabela 6.8).

Tabela 6.8 – Planilha de corrida da 1ª meia maratona (21 km)

Dia Semana	2ª	3ª	4ª	5ª	6ª	sábado	domingo
1º	off	10 km (Z2)	5 km (Z1)	15 km (Z1/Z2)	5 km (Z1)	22 km (Z1)	off
2º	off	10 km (Z2)	5 km (Z1)	15 km (Z1/Z2)	5 km (Z1)	22 km (Z1)	off
3º	off	10 km (Z2/Z3)	5 km (Z1)	15 km (Z1/Z2)	5 km (Z1)	22 km (Z1)	off
4º	off	10 km (Z2/Z3)	5 km (Z1)	15 km (Z1/Z2)	5 km (Z1)	22 km (Z1)	off
5º	off	10 km (Z2)	5 km (Z1)	15 km (Z1/Z2)	5 km (Z1)	24 km (Z1)	off
6º	off	10 km (Z2/Z3)	5 km (Z1)	15 km (Z1/Z2)	5 km (Z1)	24 km (Z1)	off
7º	off	10 km (Z2)	5 km (Z1)	15 km (Z1/Z2)	5 km (Z1)	26 km (Z1)	off
8º	off	10 km (Z2/Z3)	5 km (Z1)	15 km (Z1/Z2)	5 km (Z1)	26 km (Z1)	off
9º	off	10 km (Z2)	5 km (Z1)	15 km (Z1/Z2)	5 km (Z1)	28 km (Z1)	off
10º	off	10 km (Z2/Z3)	5 km (Z1)	15 km (Z1/Z2)	5 km (Z1)	28 km (Z1)	off
11º	off	10 km (Z2/Z3)	5 km (Z1)	10 km (Z1/Z2)	5 km (Z2/Z3)	21 km (Z1)	off
12º	off	5 km (Z2/Z3)	5 km (Z1)	5 km (Z2/Z3)	5 km (Z1)	off	21 km

6.4.10 Programa de treinamento para corredores que desejam baixar o seu tempo na prova de 21 km

Depois dos primeiros 21 km, o aluno se sentirá, de fato, outra pessoa, e, agora, mais motivada a superar o grande desafio, os 42 km da maratona; todavia, antes de partir para este grande desafio, sugere-se mais uma meia maratona para baixar a marca e, também, como treinamento dos 42 km que esperam o aluno mais à frente.

O resultado da prova dos 21 km, que foi de 2h57min34s, o que corresponde a 8min25s/km será trabalhado. A meta será concluir a prova em 2h48min47s, o que corresponde a 8 min/km.

No treino longo (TL), trabalhar-se-á com a distância de 25 km; no treino de estabilidade (TE), com distâncias de 15 km; nos treinos de ritmo (TRT), distâncias de 10 km; e nos treinos regenerativos (TR), distâncias de 5 a 7 km.

A redução do volume do treino com o objetivo de otimizar a velocidade média do aluno/atleta é o que se busca agora (Tabela 6.9). O DPRP será uma ferramenta importante para se ajustar o treinamento, se necessário. Entre parêntese na planilha a intensidade do treino pela variável física (*pace*).

Tabela 6.9 – Planilha de corrida para baixar a marca na meia maratona (21 km).

Dia Semana	2ª	3ª	4ª	5ª	6ª	sábado	domingo
1º	off	10 km (7 min/km)	7 km (8min30s/km)	15 km (8 min/km)	7 km (8min30s/km)	25 km (8min30s/km)	off
2º	off	10 km (6min50s/km)	7 km (8min30s/km)	15 km (8min/km)	7 km (8min30s/km)	25 km (8min30s/km)	off
3º	off	10 km (6min40s/km)	7 km (8min25s/km)	15 km (8 min/km)	7 km (8min25s/km)	25 km (8min30s/km)	off
4º	off	10 km (6min40s/km)	5 km (8min25s/km)	10 x 1 km Ra 5 min	5 km (8min25s/km)	DPRP	off
5º	off	10 km (6min35s/km)	10 x 1 km Ra 5 min	10 x 1 km Ra 5 min	5 km (8min25s/km)	25 km (8min25s/km)	off
6º	off	10 km (6min30s/km)	10 x 1 km Ra 5 min	10 x 1 km Ra 5 min	5 km (8min25s/km)	25 km (8min25s/km)	off
7º	off	10 km (6min30s/km)	10 x 1 km Ra 5 min	10 x 1 km Ra 5 min	5 km (8min20s/km)	25 km (8min20s/km)	off
8º	off	10 km (6min25s/km)	10 x 1 km Ra 5 min	10 x 1 km Ra 5 min	5 km (8min30s/km)	DPRP	off
9º	off	10 km (6min25s/km)	10 x 500 m Rp 5 min	5 km (8min20s/km)	10 x 500 m Rp 5 min	25 km (8min20s/km)	off
10º	off	10 km (6min20s/km)	10 x 500 m Rp 5 min	5 km (8min20s/km)	10 x 500 m Rp 5 min	25 km (8min20s/km)	off
11º	off	10 km (6min20s/km)	5 km (8min20s/km)	10 x 500 m Rp 5 min	off	25 km (8min20s/km)	off
12º	off	10 x 500 m Rp 5 min	10 km (6min25s/km)	10 x 500 m Rp 5 min	5 km (8min20s/km)	off	21 km

6.4.11 Programa de treinamento para corredores que desejam concluir sua 1ª prova de 42 km

Aqui se está pronto para a 1ª maratona. Emil Zatopek, mais conhecido como "a locomotiva humana", dizia que: *se você quer correr, corra uma milha. Se você quer experimentar outra vida, corra uma maratona*". Palavras famosas e que justificam a transformação de um corredor em um maratonista ,que nos Jogos Olímpicos de 1952, em Helsinki, venceu os 5 km, 10 km e os 42 km.

Para cruzar metade da prova, ou seja, os 21 km, é necessário disciplina, treinamento, comprometimento e dedicação; além disso tudo, em uma dose maior, é preciso ter muita vontade, perseverança, pois se tratam de 42 km, e o grande desafio será a barreira dos 30 km aos 35 km.

O objetivo não é sobreviver a uma maratona, mas, sim, cruzar bem a linha de chegada. Para isso, trabalhar-se-á com dois macrocilos de 3 meses para preparar o aluno/atleta para cruzar a linha de chegada. Como o objetivo é superar a distância, no primeiro macrociclo (Tabela 6.13), terá como distância-alvo os 32 km. No segundo macrociclo (Tabela 6.14), a distância-alvo será os 42 km.

Dos 21 km para os 32 km são 11 km para vencermos nestes 3 meses iniciais do treinamento para a maratona. Trabalhar-se-á com uma frequência de três vezes na semana, em que o treino regenerativo (TR) terá uma distância de 5 km; o treino de ritmo (TRT), 15 km; o treino de estabilidade, (TE) 20 km; e para o longo (TL), distâncias progressivas a partir de 25 até 35 km (Tabela 6.10).

(I) Macrociclo 1 para maratona

Tabela 6.10 – Macrociclo 1 da planilha para 1ª maratona (42 km)

Dia Semana	2ª	3ª	4ª	5ª	6ª	sábado	domingo
1º	off	15 km (Z2)	off	20 km (Z1/Z2)	off	25 km (Z1)	off
2º	off	15 km (Z2)	off	20 km (Z1/Z2)	off	25 km (Z1)	off
3º	off	15 km (Z2/Z3)	off	20 km (Z1/Z2)	off	25 km (Z1)	off
4º	off	15 km (Z2/Z3)	off	5 km (Z1/Z2)	off	5 km (Z1)	off
5º	off	15 km (Z2)	off	20 km (Z1/Z2)	off	28 km (Z1)	off
6º	off	15 km (Z2/Z3)	off	20 km (Z1/Z2)	off	28 km (Z1)	off
7º	off	15 km (Z2)	off	20 km (Z1/Z2)	off	30 km (Z1)	off
8º	off	15 km (Z2/Z3)	off	5 km (Z1/Z2)	off	5 km (Z1)	off
9º	off	15 km (Z2)	off	20 km (Z1/Z2)	off	30 km (Z1/Z2)	off
10º	off	15 km (Z2/Z3)	off	5 km (Z1/Z2)	off	32 km (Z1)	off
11º	off	15 km (Z2)	off	20 km (Z1/Z2)	off	5 km (Z1)	off
12º	off	5 km (Z2/Z3)	off	5 km (Z1/Z2)	off	35 km (Z1)	off

(II) Macrociclo 2 para maratona

Neste macrociclo, partir-se-á dos 32 km para os 42 km, serão 10 km para vencer o desafio e concluir a 1ª maratona. Trabalhando com uma frequência de três vezes na semana, sendo o treino regenerativo (TR), 5 km; o treino de ritmo (TRT), 15 km; o treino de estabilidade (TE), 25 km; e para o longo (TL), distâncias progressivas, a partir de 30 km até 35 km (Tabela 6.11).

Tabela 6.11 – Macrociclo 2 da planilha para 1ª maratona (42 km).

Dia Semana	2ª	3ª	4ª	5ª	6ª	sábado	domingo
1º	off	15 km (Z2)	off	25 km (Z1)	off	30 km (Z1)	off
2º	off	15 km (Z2/Z3)	off	25 km (Z1)	off	30 km (Z1)	off
3º	off	15 km (Z2/Z3)	off	20 km (Z2)	off	5 km (Z1)	off
4º	off	15 km (Z2/Z3)	off	25 km (Z1)	off	32 km (Z1)	off
5º	off	15 km (Z2/Z3)	off	25 km (Z1)	off	32 km (Z1)	off
6º	off	15 km (Z2/Z3)	off	20 km (Z2)	off	5 km (Z1)	off
7º	off	15 km (Z2/Z3)	off	20 km (Z2)	off	35 km (Z1)	off
8º	off	15 km (Z2/Z3)	off	20 km (Z2)	off	35 km (Z1)	off
9º	off	15 km (Z2/Z3)	off	20 km (Z2)	off	5 km (Z1)	off
10º	off	15 km (Z2/Z3)	off	15 km (Z2/Z3)	off	25 km (Z1)	off
11º	off	10 km (Z2/Z3)	off	10 km (Z2)	off	5 km (Z1)	off
12º	off	10 km (Z2/Z3)	off	5 km (Z1)	off	off	42 km

6.4.12 Programa de treinamento para corredores que desejam baixar seu tempo na prova de 42 km

Venceu-se o desafio dos 42 km; agora, como todo bom corredor, ou melhor, maratonista, a meta é baixar a marca para os 42 km. E, para isso, será montado um treinamento de 3 meses a partir dessa conquista. Levando em consideração uma semana de absoluto repouso após os primeiros 42 km, o mais novo desafio começará.

Das provas aqui abordadas, a maratona é a única competição que a distância do treino longo (TL) não é superior à distância da prova; e o treino de ritmo (TRT) é menor que 50% da distância da prova. O TL para esta planilha será de 30 km a 35 km, o TRT será de 15 km, o TR será de 10 km e o TE será de 25 km.

O tempo da nossa primeira maratona foi de 4h55min22s, sendo o *pace* médio de 7 min/km. O objetivo será, para a próxima maratona, baixar a marca para 4h48min20s, sendo o *pace* médio de 6min50s/km. Uma meta bem real e discreta na verdade, lembrando que o importante das metas é que sejam reais e que seja possível atingi-las para motivar a trabalhar duro para conquistá-las.

Corrida: manual prático do treinamento

Tabela 6.12 - Macrociclo para baixar o tempo na maratona

Dia Semana	2ª	3ª	4ª	5ª	6ª	sábado	domingo
1º	off	15 km (7 min/km)	10 km (6min10s/km)	25 km (8 min/km)	off	30 km (8 min/km)	off
2º	off	15 km (7 min/km)	10 (6min10s/km)	25 km (8 min/km)	off	30 km (8 min/km)	off
3º	off	15 km (6min40s/km)	5 (5 min/km)	25 km (8 min/km)	off	35 km (8 min/km)	off
4º	off	15 km (6min40s/km)	5 (5 min/km)	15 km (7 min/km)	off	25 km (8 min/km)	off
5º	off	10 km (6min20s/km)	10 x 1km Ra 5 min	20 km (8 min/km)	off	30 km (8 min/km)	off
6º	off	15 km (6min30s/km)	10 x 1km Ra 5 min	25 km (8 min/km)	off	30 km (8 min/km)	off
7º	off	10 x 1km Ra 5 min	10 km (6min20s/km)	10 x 1km Ra 5 min	off	35 km (8 min/km)	off
8º	off	15 km (6min30s/km)	5 km (5 min/km)	25 km (7min40s/km)	off	35 km (7min50s/km)	off
9º	off	10 x 1km Ra 5 min	10 km (6 min/km)	10 x 1km Ra 5 min	off	35 km (7min50s/km)	off
10º	off	10 x 500 m Rp 5 min	10 km (6 min/km)	10 x 500 m Rp 5 min	off	20 km (7min10s/km)	off
11º	off	10 x 500 m Rp 5 min	10 km (6 min/km)	10 x 500 m Rp 5 min	off	10 km (7 min/km)	off
12º	off	TRT 10 km (6 min/km)	TR 5 km (livre min/km)	TR 5 km (livre min/km)	off	off	42 km

6.5 Comentários finais

Essas planilhas de treinamento foram elaboradas para serem direcionadas para o cenário criado, ou seja: executivo do gênero masculino, 42 anos de idade, massa corporal de 98 kg e estatura de 1m78 cm, não pratica atividade física regular há pelo menos 3 anos, IMC de 31, o que caracteriza como obesidade grau 1.

Levando em consideração o planejamento desse aluno/atleta, que levaria dois anos e meio para concluir sua primeira maratona, esse modelo proposto foi elaborado para que treinadores possam observar as múltiplas possibilidades de planejamento a longo prazo. Partindo com um tempo máximo para a preparação, logo viria a pergunta: qual seria o tempo mínimo de treinamento para cruzar bem a linha de chegada de uma maratona? Para aqueles que já estão se preparando, estima-se que entre 6 meses e 1 ano no máximo e, para aqueles com uma boa resposta adaptativa ao treinamento e começando dos 5 km, afirma-se, seguramente, que 1 ano e meio. Levando, ainda, em consideração que os alunos/atletas têm uma vida profissional e uma vida pessoal além dos treinamentos, o treinamento recomendado seria de, no mínimo, três vezes por semana.

Os cálculos utilizados nas planilhas para baixar as marcas atingidas nas provas foram elaborados com base na distribuição de cargas pelo método VO2PRO.

A forma correta de manipular as variáveis do treinamento, a fim de obter a melhor *performance* possível de nosso aluno/atleta, é fazer que o organismo possa se adaptar por estímulos com diferentes distâncias e diferentes velocidades, seja pela periodização tradicional ou contemporânea, com o objetivo de que no final do período de treinamento o aluno/atleta esteja o mais adaptado, ou melhor, o mais preparado para a prova.

6.5.1 Comentando planilha a planilha

As distâncias aqui sugeridas foram distâncias de provas com uma quilometragem inferior à da maratona e foram escolhidas de forma estratégica para que o objetivo de realizar uma maratona pudesse ser efetivado, cumprindo todas as etapas da preparação do aluno/atleta.

- A primeira prova: 5 km (Tabela 6.2)

Essa planilha tem por objetivo fazer que o aluno/atleta possa se adaptar à nova rotina em sua vida, e aumentar o condicionamento de forma gradativa e constante. Até a quinta semana será trabalhada apenas a unidade de tempo como parâmetro de volume e como parâmetro de intensidade e frequência cardíaca (FC).

- A planilha para baixar o tempo nos 5 km (Tabela 6.3)

Nessa planilha já se adota como parâmetro de volume a distância, e os treinos são distribuídos de forma inteligente em uma ordem de treino de ritmo, estabilidade e longo, com o objetivo de causar uma estresse adaptativo de forma progressiva. Como parâmetro de controle da intensidade, ainda, trabalha-se com a variável fisiológica (FC). Vale ressaltar que nela se começa a introduzir o treinamento intervalado com recuperação ativa e passiva.

- A primeira prova: 10 km (Tabela 6.4)

Como o objetivo é superar a distância, trabalha-se com a FC como parâmetro de intensidade; e como parâmetro de volume, a distância. O treinamento intervalado já foi incorporado na 5ª semana.

- A planilha para baixar o tempo nos 10 km (Tabela 6.5)

Aqui, o treinamento toma um outro aspecto, pois todos os treinos passam a ter *paces*-alvo, ou seja, para cada dia de treinamento existe uma velocidade específica, para que o organismo sofra a adaptação necessária

a fim de atingir o objetivo proposto. Além dos intervalos com recuperação passiva e/ou ativa, também se utilizam os treinos regenerativos e os
DPRP, que são as distâncias de prova e ritmo de prova, comumente conhecidos pelos alunos como "vestibular da competição".

- A primeira prova: 15 km (Tabela 6.6)

A partir desse ponto, as distâncias começam a pesar no treinamento,
pois, a cada competição que passa, os quilômetros aumentam e as horas
de treinamento também; uma boa estratégia é aumentar os dias de treinos
para diminuir os volumes das sessões. Ainda não é o caso, porque continua-
-se a treinar três vezes na semana, pois o objetivo é superar a distância;
logo, os treinos com maiores volumes serão bem-vindos. As planilhas que
têm por objetivo superar a distância foram desenvolvidas com intensidade
pela variável fisiológica (FC) e volume pela distância. Nessa planilha não se
utilizam treinos intervalados, pois optou-se por fazer uma planilha de base
para o aluno/atleta, pensando no objetivo maior: os 42 km.

- A planilha para baixar o tempo nos 15 km (Tabela 6.7)

Aqui opta-se por treinar quatro vezes na semana. As planilhas com o
objetivo de baixar o tempo de prova têm estas caraterísticas: os treinos passam a ter *paces*-alvo, treinos intervalados com recuperação passiva e/ou
ativa, treinos regenerativos e os DPRP, que são as distâncias de prova e
ritmo de prova.

- A primeira prova: 21 km (Tabela 6.8)

Então, chega-se aos 21 km. Lembrando que essa planilha tem
por objetivo superar a distância. Com isso, trabalha-se com intensidade pela variável fisiológica (FC), e volume pela distância. Nessa planilha não se utilizam treinos intervalados, pois optou-se por fazer uma
planilha de base para o aluno/atleta, pensando em nosso objetivo maior:
os 42 km. É possível perceber que, nessa planilha, explorou-se muito os

treinos regenerativos, pois o volume de trabalho aumentou tanto em frequência como em distância.

- A planilha para baixar o tempo nos 21 km (Tabela 6.9)

Baixar a sua marca nos 21 km é um grande desafio. Nessa planilha, volta-se com os treinos intervalados, os DPRP, e, ainda, os regenerativos. Opta-se por trabalhar cinco vezes na semana. As planilhas com o objetivo de baixar o tempo de prova têm estas caraterísticas: os treinos passam a ter *paces*-alvo, treinos intervalados com recuperação passiva e/ou ativa, treinos regenerativos e os DPRP, que são as distâncias de prova e ritmo de prova.

- A primeira prova: 42 km (Tabela 6.10 e 6.11)

O grande desafio: os 42 km. Sair dos 21 km e ir direto para os 42 km é um grande salto; por isso, elabora-se um treinamento de seis meses para tal; são dois macrociclos de três meses cada. O primeiro com um objetivo de superar a distância dos 32 km e o segundo com o objetivo de superar os 42 km. Aqui, opta-se por trabalhar com uma frequência de três vezes na semana, mesmo sendo um volume alto por treino, pois nesse momento o aluno/atleta já possui um grande lastro de treinamento e condições fisiológicas para suportar esse estímulo e, com isso, também terá mais tempo de recuperação entre um treino e outro. Essa planilha segue os mesmos princípios da planilha de superação para a prova dos 21 km (Tabela 6.8).

- A planilha para baixar o tempo nos 42 km (Tabela 6.12)

Após concluir a primeira maratona, qual a primeira coisa que vem à cabeça do corredor? Não sabe? Normalmente é: na próxima vou baixar o meu tempo. E, para isso, elabora-se uma planilha com esse objetivo, treinando quatro vezes na semana e usando e abusando dos treinos intervalados e regenerativos. Em três meses, espera-se que o o aluno/atleta possa concluir mais uma maratona e baixar seu tempo.

Avaliação 7

7.1 Introdução

Para cada atividade existem determinados testes e variadas formas de execução, o que permite realizar uma adequada seleção para aplicação, dependendo dos objetivos que foram traçados para os grupos (Denadai, 1995). Há três formas de submissão do sistema cardiovascular ao estresse: os testes isométricos, os dinâmicos e a combinação desses (Frolicher et al., 1998). Os testes dinâmicos impõem uma atividade muscular rítmica, motivo pelo qual esse tipo de teste é mais utilizado.

Os protocolos laboratoriais dinâmicos podem ser divididos em testes em que se utilizam múltiplos estágios com cargas progressivas, e os testes de *steady-state* (Ruppel, 1994). Os testes em que os indivíduos são levados ao *steady-state* são utilizados para acessar a função cardiopulmonar sob condições de demanda metabólica constante. Skinner

(1991) propõe cinco requisitos destinados aos testes para medir o VO_2 máximo:

(1) O trabalho deve envolver grandes grupos musculares;

(2) O trabalho deve ser mensurável e reproduzível;

(3) As condições do teste devem ser comparáveis e reproduzíveis;

(4) O teste deve ser tolerável pelos indivíduos a ele submetidos; e

(5) A eficiência mecânica necessária para a execução da tarefa deve ser a mais uniforme possível dentre a população testada.

Os testes podem ser: diretos – quando o consumo de oxigênio é analisado por meio de um analisador de gases respiratórios; e indiretos – quando o consumo de oxigênio é calculado a partir da FC, da distância percorrida e da carga. O resultado é obtido por meio de uma equação de regressão ou por nomogramas. Quanto à intensidade, pode-se classificá-la em máximos e submáximos. Os máximos são aqueles em que os indivíduos são induzidos a esforços, de forma que alcancem o seu maior nível de metabolismo, fazendo que o esforço seja realizado acima de 90% da sua FC máxima; e submáximos, aqueles em que os indivíduos atuam com esforços entre 75% e 90% da sua FC máxima (Machado, 2010).

7.2 Testes aeróbios

- **Teste de caminhada de 3 km**

Consiste em caminhar, em um plano horizontal, uma distância de 3 km. Registra-se o tempo total da caminhada em minutos, e o resultado é expresso em $ml.kg^{-1}.min^{-1}$.

$$VO_2 \text{ máx} = 0{,}35 \times V^2 + 7{,}4$$

Em que:

V = velocidade média em Km/h

t = tempo em minutos do percurso

$$V = \left(\frac{300}{t} \times 60 \right) / \ 1000$$

- **Teste de Rockpoort**

Consiste em percorrer a distância de uma milha (1.609 metros), no menor tempo possível. Registra-se o tempo como também a frequência cardíaca ao final do teste. O resultado é expresso em $ml.kg^{-1}.min^{-1}$.

VO_2 máx = 132.6 – (0.17 x Mc) – (0.39 x Id) + (6.31x S) – (3.27 x t) – (0.156 x FC)

Em que:

Mc = massa corporal em kg;

Id = idade em anos;

S = sexo, 0 = mulheres e 1 = homens;

t = tempo em minutos;

FC = frequência cardíaca.

- **Teste dos 5 minutos**

Consiste em percorrer a distância máxima possível em 5 minutos de corrida contínua. Registra-se a distância percorrida ao final do tempo. O resultado é expresso em $ml.kg^{-1}.min^{-1}$.

VO_2 máx = 340.6 – 34.14 X V + 1.01 x V^2

Em que:

V = velocidade em km/h.

- **Teste de corrida de Ribisi e Kachodorian**

Indicado para indivíduos com um alto nível de aptidão física, sem requisito etário. Consiste em percorrer uma distância de 3.200 metros, correndo no menor tempo possível. O resultado é expresso em $ml.kg^{-1}.min^{-1}$.

$$VO_2 \, máx = 114.496 - 0.04689 \, (\, t \,) - 0.37817 \, (\, Id \,) - 0.15406 \, (Mc)$$

Em que:

t = tempo em segundos;

Id = idade em anos;

Mc = massa corporal em kg.

- **Teste de 6 minutos de corrida contínua**

Indicado para meninos e meninas entre 10 e 14 anos de idade. Consiste em percorrer a maior distância possível durante os 6 minutos de corrida contínua. O resultado é expresso em l.min^{-1}.

$$VO_2 \, máx \, (meninos) = D \, / \, T \times 0.118 + 17.8$$

$$VO_2 \, máx \, (meninas) = D \, / \, T \times 0.131 + 16.6$$

Em que:

D = distância em metros;

T = tempo em minutos.

7.3 Testes anaeróbios

- **Teste direto**

A avaliação anaeróbia lática direta é aplicada em testes de pista de 30 e 60 segundos de corrida em intensidade máxima. Após cada repetição, é coletado sangue do indivíduo para mensuração do lactato sanguíneo imediatamente após um, três, cinco, sete e dez minutos subsequentes, pois para a corrida é comum distâncias predeterminadas como 200, 400, 800 e 1.000 metros. Dessa forma, utiliza-se a maior concentração obtida de lactato sanguíneo após cada teste. Para cálculo da potência gerada durante os testes, divide-se a concentração sanguínea de lactato pelo tempo de exercício (mM.s^{-1}), assumindo-se uma relação linear crescente entre essas variáveis (Oliveira et al., 2006).

- Teste de corrida RAST

O teste de RAST, no qual o indivíduo, após aquecimento de cinco minutos, realiza seis repetições máximas de 35 metros em linha reta com apenas dez segundos de pausa entre elas. O tempo de cada repetição é anotado para posterior cálculo de potência e velocidade. A potência de cada repetição é calculada da seguinte maneira: peso do indivíduo multiplicado pela distância ao quadrado percorrida, dividido pelo tempo ao cubo; a força: peso vezes aceleração; a aceleração: velocidade sobre o tempo, além da potência máxima, média e mínima.

Para cálculo da potência utiliza-se a seguinte fórmula: massa corporal multiplicada pela distância ao quadrado e dividido pelo tempo ao cubo.

Potência máxima = massa corporal x 35^2 / $tempo^3$

Logo, determina-se:

Potência máxima (Pmáx)= maior valor do teste;

Potência mínima (Pmin) = menor valor do test;

Potência média (Pméd)= soma dos seis valores divididos por seis;

Índice de fadiga em % (IF) = (Pmáx – Pmin) x 100 / Pmáx;

Potência relativa (Watts/kg) = Pmáx / massa corporal.

Exemplo:

Indivíduo com massa corporal de 90 kg, 1º tiro: 10 segundos; 2º tiro: 11 segundos; 3º tiro: 10 segundos; 4º tiro: 12 segundos; 5º tiro: 18 segundos; 6º tiro: 20 segundos.

Pmax = 110,25 watts;

Pmed = 66,63 watts;

Pmin = 13,78 watts;

IF = 87,5 %;

Potência relativa = 1,22 watts/kg.

Referências

Aboarrage, N. *Treinamento de força na água*: uma estratégia de observação e abordagem pedagógica. São Paulo: Phorte, 2008.

Achour Junior, A. *Exercícios de alongamento* – anatomia e fisiologia. São Paulo: Manole, 1996.

_____. *Futebol*: alongamento e flexibilidade. Curitiba: Sport Training, 2011.

ACSM – American Colege of Sports Medicine. *Guidelines for exercising testing and prescription*. Baltimore: William & Wilkins, 2000.

_____. *Manual de pesquisa das diretrizes do ACSM para os testes de esforço e sua prescrição*. 4. ed. Rio de Janeiro: Guanabara, 2003.

Adams, G. M. *Exercise Physiology*: Laboratory manual. 2. ed. California: Brown and Benchmark, 1994.

Almeida, M. B.; Araújo, C. G. S. Efeitos do treinamento aeróbico sobre a frequência cardíaca. *Rev. Bras. Med. Esp.*, v. 9, n. 2, mar./ abr. 2003.

ALTER, M. *Ciência da flexibilidade*. Curitiba: Artmed, 2001.

AMORIM, P. E. S. Fisiologia do exercício: considerações sobre o controle do treinamento aeróbico. *Rev. Mineira Ed. Física*, v. 10, n. 1, p. 50-61, 2002.

ANDERSEN, L. B. A maximal cycle exercise protocol to predict maximal oxygen uptake. *Scand. J. Med. Sci. Sports*, v. 5, n. 3, p. 143-6, jun. 1995.

ANDERSON, G. S.; RHODES, E. C. A review of blood lactate and ventilatory methods of detecting transition thresholds. *Sports Med.*, Auckland, v. 8, n. 1, p. 46-55, 1989.

ANOSOV, O. et al. High-frequency oscillations of the heart rate during ramp load reflect the human anaerobic threshold. *Eur. J. Appl. Physiol.*, New York, v. 83, n. 4/5, p. 388-94, 2000.

ARMSTRONG, N.; WELSMAN, J.R. Assessment and interpretation of aerobic Fitness in children and adolescents. *Exerc. Sport Sci. Rev.*, v. 22, p. 435-76, 1994.

ARRUDA, M. et al. Futebol: uma abordagem de preparação física e sua influência na dinâmica da alteração dos índices de força rápida e resistência de força em um macrociclo. *Rev. Treinamento Desport.*, v. 4, n. 1, p. 23-28, 1999.

ÅSTRAND, P. O.; RYHMING, I. A nomogram for calculation of aerobic capacity (physical fitness) from pulse rate during submaximal work. *J. Appl. Physiol.*, v. 7, Issue 2, p. 218-21, set. 1954.

ÄSTRAND, P. O. Aerobic capacity in mem and women with special reference toage. *Acta Physiol. Scand.*, v. 49, p. 1-92, 1960.

_____. *Tratado de fisiologia do exercício*. 2. ed. Rio de Janeiro: Guanabara, 1987.

ÂSTRAND, P. O. et al. *Tratado de fisiologia do trabalho*. 1. ed. Porto Alegre: Artmed, 2006.

_____. Girl swimmers – with special reference to respiratory and circulatory adaptation and gynaecological and psychiatric aspects. *Acta. Pediat.*, Suppl., v. 147, p. 43-63, 1963.

ATKINSON, G.; DAVISON, R. C.; NEVILL, A. M. Performance characteristics of gas analysis systems: what we know and what we need to know. *Int. J. Sports Med.*, v. 26, Suppl. 1, p. S2-10, fev. 2005.

AUNOLA, S.; RUSKO, H. Does anaerobic threshold correlate with maximal lactate steady-state? *J. Sports Sci.*, London, v. 10, n. 4, p. 309-23, 1992.

AVERY, N. D. et al. Effects of human pregnancy on cardiac autonomic function above and below the ventilatory threshold. *J. Appl. Physiol.*, Bethesda, v. 90, n. 1, p. 321-8, 2001.

AZIZ, A. R.; CHIA, M. Y.; TEH, K. C. Measured maximal oxygen uptake in a multistage shuttle test and treadmill-run test in trained athletes. *J. Sports Med. Phys. Fitness.*, v. 45, n. 3, p. 306-14, sep. 2005.

BADILLLO, J. J. G; AYESTARÁN, E. G. *Fundamentos do treinamento de força*: aplicação ao alto rendimento desportivo. 2. ed. Curitiba: Art Med., 1997.

BANGSBO, J.; IAIA, F. M.; KRUSTRUP, P. The yo-yo intermittent recovery test: a useful tool for evaluation of physical performance in intermittent sports. *Sports Med.*, v. 38, n. 1, p. 37-51, 2008.

BAR-OR, O. The Wingate anaerobic test: an update on methodology, reliability and validity. *Sports Med.*, v. 50, p. 273-82, 1987.

BARBOSA, F. P. et al. Frequência cardíaca máxima. *Fitness e Performance J.*, v. 3, n. 1, p. 108-14, 2004.

BARKER, A. R. et al. Establishing maximal oxygen uptake in young people during a ramp cycle test to exhaustion. *Br. J. Sports Med.*, v. 12, aug. 2009.

BEARDEN, S. E; MOFFATT, R. J. 2 O VO^2 kinetcs and the O^2 deficit in heavy exercise. *J. Appl. Physiol.*, v. 88, p. 1407-12, 2000.

BEAVER, W. L.; WASSERMAN, K.; WHIPP, B. J. Improved detection of lactate threshold during exercise using a log-log transformation. *J. Appl. Physiol.*, Bethesda, v. 59, n. 6, p. 1936-40, 1985.

BEEKLEY, M. D. et al. Cross-validation of the YMCA submaximal cycle ergometer test to predict VO^2max. *Res. Q Exerc. Sport*, v. 75, n. 3, p. 337-42, 2004.

BENEKE, R. Maximal lactate steady state concentration (MLSS): experimental and modelling approaches. *Eur. J. Appl. Physiol.*, New York, v. 88, n. 4/5, p. 361-9, 2003.

BHAMBHANI, Y.; BUCKLEY, S.; SUSAKI, T. Muscle oxygenation trends during constant work, rate cycle exercise in men and women. *Med. Sci. Sports Exerc.*, v. 31, n. 1, p. 90-8, jan. 1999.

BILLAT, V. L. et al. The concept of maximal lactate steady state: a bridge between biochemistry, physiology and sport science. *Sports Med.*, v. 33, n. 6, p. 407-26, 2003.

_____. The VO^2 slow component for severe exercise depends on type of exercise and is not correlated with time to fatigue. *J. Appl. Physiol.*, v. 85, n. 6, p. 2118-24, 1998.

BISCHOFF, M. M.; DUFFIN, J. An aid to the determination of the ventilatory threshold. *Eur. J. Appl. Physiol. Occup. Physiol.*, Berlin, v. 71, n. 1, p. 65-70, 1995.

BISHOP, D.; EDGE, J. Determinants of repeated-sprint ability in females matched for single-sprint performance. *Eur. J. Appl. Physiol.*, v. 97, p. 373-9, 2006.

BISHOP, D. et al. Induced metabolic alkalosis affects muscle metabolism and re-peated-sprint ability. *Med. Sci. Sports Exerc.*, p. 807-13, 2003.

BISHOP, D.; SPENCER, M. Determinants of repeated-sprint ability in well-trained team-sport athletes and endurance-trained athletes. *J. Sports Med. Phys. Fitness*, v. 44, n. 1, p. 1-7, 2004. *Eur. J. Appl. Physiol.*, v. 97, p. 373-9, 2006.

BISHOP, M. et al. Athletic footwear, leg stiffness, and running kinematics. *J. Athletic Training*, v. 41, n. 4, p. 387-92, 2006.

BISSAS, A. I.; HAVENETIDIS, K. The use of various strength-power tests as predic-tors of sprints running performance. *J. Sports Med. Physical Fitness*, v. 48, n. 1, p. 49-54, 2008.

BLOMQVIST, C. G. Cardiovascular adaptation to weightlessness. *Med. Sci. Sports*, v. 15, p. 428-31, 1983.

BODNER, M. E.; RHODES, E. C. A review of the Concept of the Heart Rate Deflection Point. *Sports Med.*, Auckland, v. 30, n. 1, p. 31-46, 2000.

BODNER, M. E. et al. The relationship of the heart rate deflection point to the ventilatory threshold in trained cyclists. *J. Strength Condit. Res.*, Champaign, v. 16, n. 4, p. 573-80, 2002.

BOMPA, T. O. *Periodização*: teoria e metodologia do treinamento. 4. ed. São Paulo: Phorte, 2002.

_____. *Treinamento de potência para o esporte*. 1. ed, São Paulo: Phorte, 2004.

BORCH, K. W. et al. Rate of accumulation of blood lactate during graded exercise as a predictor of 'anaerobic threshold'. *J. Sports Sci.*, London, v. 11, n. 1, p. 49-55, 1993.

BOSCO, C.; LUHTANEN, P.; KOMI, P. V. A simple method for measurement of mechanical power in jumping. *Eur. J. Appl. Physiol.*, v. 50, p. 273-82, 1987.

BOURGOIS, J. et al. Validity of the heart rate deflection point as a predictor of lactate threshold concepts during cycling. *J. Strength Condit. Res.*, Champaign, v. 18, n. 3, p. 498-503, 2004.

BRADSHAW, D. I. et al. An accurate VO^2max non exercise regression model for 18-65-year-old adults. *Res. Q Exerc. Sport.*, v. 76, n. 4, p. 426-32, 2005.

BROOKS, G. A. et al. Estimation of anaerobic energy production and efficiency in rats during exercise. *J. Appl. Physiol.*, v. 56, p. 520, 1984.

BRUBAKER, P. H. et al. Identification of the anaerobic threshold using double product in patients with coronary artery disease. *Am. J. Cardiol.*, New York, v. 79, n. 3, p. 360-2, 1997.

BRUM, P. et al. Adaptações agudas e crônicas do exercício físico no sistema cardiovascular. *Rev. Paul. Educ. Fís.*, São Paulo, v. 18, p. 21-31, 2004.

BUCHANAN, M.; WELTMAN, A. Effects of pedal frequency on VO^2 and work output at lactate threshold (LT), fixed blood lactate concentrations of 2 mM and 4 mM, and max in competitive cyclists. *Int. J. Sports Med.*, Stuttgart, v. 6, n. 3, p. 163-8, 1985.

BUNC, V. et al. Verification of the heart rate threshold. *Eur. J. Appl. Physiol. Occup. Physiol.*, Berlin, v. 70, n. 3, p. 263-9, 1995.

BURNLEY, M. et al. Effects of prior heavy exercise on VO^2 kinetics during heavy exercise are related to changes in muscle activity. *J. Appl. Physiol.*, v. 93, p. 167-74, 2002.

CALVO, F. et al. Anaerobic threshold determination with analysis of salivary amylase. *Can. J. Appl. Physiol.*, Champaign, v. 22, n. 6, p. 553-61, 1997.

CAMPELO, M. et al. Variability of heart rate: a perspective. *Rev. Port. Cardio.*, Lisboa, v. 11, n. 9, p. 723-32, 1992.

CAMPOS, M. A; NETO, B. C. *Treinamento funcional resistido*. 2. ed.. Rio de Janeiro: Revinter, 2004.

CAPELLI, C.; PENDERGAST, D. R.; TERMIN, B. Energetics of swimming at maximal speeds in humans. *Eur. J. Appl. Physiol.*, v. 78, p. 385-93, 1998.

CARTER, J; JEUKENDRUP, A. E. Validity and reliability of three commercially available breath-by-breath respiratory systems. *Eur. J. Appl. Physiol.*, v. 86, n. 5, p. 435-41, mar. 2002.

CASADEI, B. et al. Pitfalls in the interpretation of spectral analysis of the heart rate variability during exercise in humans. *Acta Physiol. Scand.*, Stockholm, v. 153, n. 2, p. 125-31, 1995.

CASTIGLIONI, P. Evaluation of heart rhythm variability by heart rate or heart period: differences, pitfalls and help from logarithms. *Med. Biol. Engineering Comp.*, Amsterdam, v. 33, n. 3, p. 323-30, 1995.

CASTRO-PIÑERO, J. et al. Criterion related validity of 1/2 mile run-walk test for estimating VO^2 peak in children aged 6-17 years. *Int. J. Sports Med.*, v. 30, n. 5, p. 366-71, 2009.

CAVAGNA, G. A. The landing-take-off asymmetry in human running. *J. Exp. Biol.*, v. 209, n. 20, p. 4051-60, 2006.

CELLINI, M. Noninvasive determination of the anaerobic threshold swimming. *Int. J. Sports Med.*, v. 7, p. 347-51, 1986.

CHAMARI, K. et al. Appropriate interpretation of aerobic capacity: allometric scaling in adult and young soccer players. *Br. J. Sports Med.*, v. 39, n. 2, p. 97-101, feb. 2005.

CHENG, B. et al. A new approach for the determination of ventilatory and lactate thresholds. *Int. J. Sports Med.*, Stuttgart, v. 13, n. 7, p. 518-22, 1992.

CHIA, M.; AZIZ, A.R. Modelling maximal oxygen uptake in athletes: allometric scaling versus ratio-scaling in relation to body mass. *Ann. Acad. Med. Singapore*, v. 37, n. 4, p. 300-6, apr. 2008.

CHICHARRO, J. L. et al. Lactic threshold vs ventilatory threshold during a ramp test on a cycle ergometer. *J. Sports Med. Phys. Fitness*, v. 37, n. 2, p. 117-21, 1997.

_____. Anaerobic threshold in children: determination from saliva analysis in field tests. *Eur. J. Appl. Physiol. Occup. Physiol.*, Berlin, v. 70, n. 6, p. 541-4, 1995.

_____. Saliva electrolytes as a useful tool for anaerobic threshold determination. *Eur. J. Appl. Physiol. Occup. Physiol.*, Berlin, v. 68, n. 3, p. 214-8, 1994.

_____. Saliva composition and exercise. *Sports Med.*, Auckland, v. 26, n. 1, p. 17-27, jul. 1998.

_____. The salivary amylase, lactate and electromyographic response to exercise. *Jpn. J. Physiol.*, Tokyo, v. 49, n. 6, p. 551-4, 1999.

CHIU, H. W. et al. The influence of mean heart rate on measures of heart rate variability as markers of autonomic function: a model study. *Med. Engineer. Phys.*, Oxford, v. 26, n. 6, p. 475-81, 2003.

CHURCH, T. S. et al. Evaluating the reproducibility and validty of the aerobic adaptation test. *Med. Sci. Sport Exerc.*, v. 33, n. 10, p. 1770-3, 2001.

CHWALBINSKA-MONETA, J. et al. Threshold increases in plasma growth hormone in relation to plasma catecholamine and blood lactate concentrations during progressive exercise in endurance-trained athletes. *Eur. J. Appl. Physiol. Occup. Physiol.*, Berlin, v. 73, n. 1/2, p. 117-20, 1996.

COEN, B.; URHAUSEN, A.; KINDERMANN, W. Individual anaerobic threshold: methodological aspects of its assessment in running. *Int. J. Sports Med.*, Stuttgart, v. 22, n. 1, p. 8-16, 2001.

CONCONI, F. Determination of the anaerobic threshold by a noninvasive field test in runners. *J. Appl. Physiol.: Respiratory, Environmental and Exercise Physiology*, v. 52, p. 869-73, 1982.

_____. The Conconi Test: Methodology after 12 years of application. *Int. J. Sports Med.*, v. 17, p. 509-19, 1996.

CONCONI, F. et al. Determination of the anaerobic threshold by a noninvasive field test in runners. *J. Appl. Physiol.*, Bethesda, v. 52, n. 4, p. 869-73, 1982.

COOPER, K. H. A means of assessing maximum oxygen intake. *JAMA*, v. 203, p. 135-38, 1968.

COOPER, D. M.; BARSTOW, T. J. Blood glucose turnover during exercise above and below the lactate threshold. *J. Appl. Physiol.*, Bethesda, v. 74, n. 5, p. 2613-4, 1993.

COSTILL, D. L. et al. Energy expenditure during front crawl swimming: predicting success in middle-distance events. *Int. J. Sports Med.*, v. 6, n. 5, p. 266-70, 1985.

COTTIN, F. et al. Heart rate variability during exercise performed below and above ventilatory threshold. *Med. Sci. Sports Exerc.*, Madison, v. 36, n. 4, p. 594-600, 2004.

COYLE, E. F. Integration of the physiological factors determining endurance performance ability. *Exerc. Sport Sci. Rev.*, v. 23, p. 26-64, 1995.

_____. Blood lactate threshold in some well-trained isemine heart disease patiens. *J. Appl. Physiol.: Respiration environment exercise physiology*, v. 54, p. 18-23, 1983.

CROUTER, S. E. et al. Accuracy and reliability of the ParvoMedics TrueOne 2400 and MedGraphics VO2000 metabolic systems. *Eur. J. Appl. Physiol.*, v. 98, n. 2, p. 139-51, sep. 2006.

DANTAS, E. H. M. *Flexibilidade, alongamento e flexionamento*. Rio de Janeiro: Shape, 1998.

_____. *A prática da preparação física*. 5. ed. Rio de Janeiro: Shape, 2003.

DEKERLE, J. et al. Effect of incremental and submaximal constant load tests: protocol on perceived exertion (CR10) values. *Percept. Mot. Skills.*, v. 96, n. 3, Pt. 1, p. 896-904, 2003.

DENADAI, B. S.; GUGLIEMO, L. G. A.; DENADAI, M. L. D. R. Validade do teste de wingate para a avaliação da performance em corridas de 50 e 200 metros. *R. Motriz*, v. 3, n. 2, p. 89-94, 1997.

DENADAI, B. S. Limiar anaeróbio: considerações fisiológicas e metodológicas. *Rev. Bras. Atividade Física e Saúde*, v. 1, n. 2, p. 74-88, 1995.

DILLMAN, C. J. Kinematic analysis of running. *Exer. Sports Sci.*, v. 3, p. 193-218, 1975.

DORÉ, E.; BEDU, M.; PRAAGH, E. V. Squat Jump Performance During Growth in Both Sexes: Comparison With Cycling Power. *Physical Education, Recreation and Dance,* v. 79, n. 4, p. 517-24, 2008.

DURWARD, B. R; BAER, G. D; ROWE, P. J. *Movimento funcional humano mensuração e análise*. São Paulo: Manole, 2001.

EVANGELISTA, A. L. *Treinamento de corrida de rua, uma abordagem fisiológica e metodológica*. São Paulo: Phorte, 2009.

FARDY, P. S.; HELLERSTEIN, H. K. A comparison of continuous and intermittent progressive multistage exercise testing. *Med. Sci. Sports*, v. 10, n. 1, p. 7-12, 1978.

FARRELL, P. A. et al. Plasma lactate accumulation and distance running performance. *Med. Sci. Sports,* Madison, v. 11, n. 4, p. 338-44, 1979.

FAULKNER, J. A. et al. Cariovascular responses to submaximum and maximum effort cycling and running. *J. Appl. Physiol.*, v. 30, n. 4, p. 457-61, 1971.

FERNANDES, R. J. et al. Time limit and VO^2 slow component at intensities corresponding to VO^2max in swimmers. *Int. J. Sports Med.*, v. 24, n. 8, p. 576-81, nov. 2003.

FIGUEIRA JUNIOR, A. J. Potencial da mídia e tecnologia aplicadas no mecanismo de mudança de comportamento, através de programas de intervenção de atividade física. *Rev. Bras. Ciência Mov.*, v. 8, n. 3, p. 39-46, 2000.

FLECK, S. J.; KRAEMER, W. J. *Fundamentos do Treinamento de Força Muscular.* 2. ed. Porto Alegre: Artes Médicas Sul, 1999.

FONTANA, P.; BOUTELLIER, U.; KNÖPFLIK-LENZIN, C. Time to exhaustion at maximal lactate steady state is similar for cycling and running in modera tely trained subjects. *Eur. J. Appl. Physiol.*, v. 107, n. 2, p. 187-92, 2009.

FORTEZA DE LA ROSA, A. *Treinamento desportivo*: carga, estrutura e planejamento. 2. ed. São Paulo: Phorte, 2006.

FOSS, M. L.; KETEYIAN, S. J. *Fox*: Bases fisiológicas da educação física e do esporte. 6. ed. Rio de Janeiro: Guanabara Koogan, 2000.

FOXDAL, P. et al. The validity and accuracy of blood lactate easurements for prediction of maximal endurance running capacity. Dependency of analyzed blood media in combination with different designs of the exercise test. *Int. J. Sports Med.*, Stuttgart, v. 15, n. 2, p. 89-95, 1994.

FRANCIS, K.; BRASHER, J. A height-adjusted step test for predicting maximal oxygen consumption in males. *J. Sports Med. Phys. Fitness*, v. 32, n. 3, p. 282-7, 1992.

FRANCIS, K. T. et al. The relationship between anaerobic threshold and heart rate linearity during cycle ergometry. *Eur. J. Appl. Physiol. Occup. Physiol.*, Berlin, v. 59, n. 4, p. 273-7, 1989.

FREITAS, G. M. et al. Comparação da freqüência cardíaca máxima (FCM) calculada por 21 equações e FCM obtida em exercícios de corrida em homens e mulheres. *Rev. Min. Educ. Fís. Viçosa*, v. 11, n. 2, p. 237-41, 2002.

Froelicher, V. et al. *Exercício e o coração*. Rio de Janeiro: Revinter, 1998.

Gaisl, G.; Wiesspeiner, G. A noninvasive method of determining the anaerobic threshold in children. *Int. J. Sports Med.*, Stuttgart, v. 9, n. 1, p. 41-7, 1988.

Gaitanos, G. C. et al. Human muscle metabolism during intermittent maximal exercise. *J. Appl. Physiol.*, v. 75, n. 2, p. 712-19, 1993.

Gallo Júnior, L. et al. Sympathetic and parasympathetic changes in Herat rate control during dynamic exercise induced by endurance training in man. *Braz. J. Med. Biol. Res.*, Ribeirão Preto, v. 22, p. 631-43, 1989.

Gibson, A. S. T. C. et al. Measurement of maximal oxygen uptake from two different laboratory protocols in runners and squash players. *Med. Sci. Sport Exerc.*, p. 1226-29, 1999.

Glaister, M. Multiple Sprint Work – Physiological responses, mechanisms of fatigue and the influence of aerobic fitness. *Sports Med.*, v. 35, n. 9, p. 757-77, 2005.

Gleim, G. W.; Nicholas, J. A. Metabolic costs and heart rate responses to treadmill walking in water at different depths and temperatures. *Am. J. Sports Med.*, v. 17, p. 248-52, 1989.

Gomes, A. C. *Treinamento desportivo*: estrutura e periodização. 2. ed. Porto Alegre: Artmed, 2009.

Green, J. H.; Cable, N.T.; Elms, N. Heart rate and oxygen consumption during walking on land and deep water. *J. Sports Med. Phys. Fitness*, v. 3, p. 49-52, 1990.

Greene, D. P.; Roberts, S. L. *Cinesiologia*: Estudo dos Movimentos nas Atividades Diárias. Rio de Janeiro: Revinter, 2002.

Gretebeck, R. J; Montoye, H. J. Variability of some objective measures of physical activity. *Med. Sci. Sports Exerc.*, v. 24, n. 10, p. 1167-72, 1992.

Gretebeck, R. J. et al. Use of Heart Rate Variability to estimate Lactate Threshold. *Med. Sci. Sports Exerc.*, Madison, v. 36, n. 5, p. S42-S43, 2004.

GRIMMER, S. et al. Running on uneven ground: leg adjustment to vertical steps and self-stability. *J. Experim. Biol.*, v. 211, p. 2989-3000, 2008.

GRUPI, C. J. et al. Variabilidade da freqüência cardíaca: significado e aplicação clínica. *Rev. Assoc.* Médica Bras., v. 40, n. 2, p. 129-36, 1994.

GUGLIELMO, L. G. A.; GRECO, C. C.; DENADAI, B. S. Relação da potência aeróbia máxima e da força muscular com a economia de corrida em atletas de endurance. *Rev. Bras. Med. Esporte*, v. 1, n. 1, p. 53-6, 2006.

HAMER, P. W.; MORTON, A. R. Water-Running: training effects and specifity of aerobic-anaerobic and muscular parameters following an eight-week interval training programme. *Aust. J. Sci. Med. Sport*, v. 22, n. 1, p. 13-22, 1990.

HAMILL, J.; KNUTZEN, K. M. *Bases Biomecânicas do Movimento Humano*. São Paulo: Manole, 1999.

HARDIE, G. D. AMP – Activated Protein Kinase: A Key Sistem Mediating Metabolic Responses to Exercise. *Med. Sci. Sports Exerc.*, v. 36, n. 1, p. 28-34, 2004.

HAYES, P. R; QUINN, M. D. A mathematical model for quantifying training. *Eur. J. Appl. Physiol.*, v. 106, p. 839-47, 2009.

HECK, H. et al. Justification of the 4mmol/l lactate threshold. *Int. J. Sports Med.*, Stuttgart, v. 6, n. 3, p. 117-30, 1985.

HEDELIN, R.; BJERLE, P.; HENRIKSSON-LARSEN, K. Heart rate variability in athletes: relationship with central and peripheral performance. *Med. Sci. Sports Exerc.*, Madison, v. 33, n. 8, p. 1394-8, 2001.

HILL, D. W. The critical power concept. A review. *Sports Med.*, v. 18, p. 237-54, 1993.

HIRSCH, J. A.; BISHOP, B. Respiratory sinus arrhythmia in humans: how breathing pattern modulates heart rate. *Am. J. Physiol.*, Baltimore, v. 241, n. 4, p. H620-9, 1981.

HILL, A. V; LUPTON, H. Muscular exercise, lactic acid, and the suplly and utilization of oxygen. *Q. J. Med.*, v. 16, p. 135-71, 1923.

HILL, D. W.; SMITH, J. C. Determination of critical power by pulmonary gas exchange. *Can J. Appl. Physiol.,* v. 24, p. 74-86, 1999.

HODGES, L. D.; BRODIE, D. A.; BROMLEY, P. D. Validity and reliability of selected commercially available metabolic analyzer systems. *Scand. J. Med. Sci. Sports,* v. 15, n. 5, p. 271-9, 2005.

HOFF, J.; KEMI, O. J.; HELGERUD, J. Strength and endurance differences between elite and junior elite ice hockey players. The importance of allometric scaling. *Int. J. Sports Med.,* v. 26, n. 7, p. 537-41, 2005.

HOLLMANN, W. 42 years ago-development of the concepts of ventilatory and lactate threshold. *Sports Med.,* Auckland, v. 31, n. 5, p. 315-20, 2001.

HOLMER, L.; LUNDIN, A.; ERIKSSON, B. O. Maximum oxygen uptake during swimming and running by elite swimmers. *J. Appl. Physiol.,* v. 36, p. 711-14, 1974.

HOLMER, L. et al. Hemodynamic and respiratory responses compared in swimming and running. *J. Appl. Physiol.,* v. 37, p. 49-54, 1974.

HOPKINS, L; COCHRANE, J; MAYHEW, J. I. Prediction of arm and leg strength from the 7-10 rm before and after training on nautilus machine weigths. *IAHPERD J.,* v. 33, p. 40-1, 1999.

HUG, F. et al. Occurrence of electromyographic and ventilatory thresholds in professional road cyclists. *Eur. J. Appl. Physiol.,* New York, v. 90, n. 5/6, p. 643-6, 2003.

HUIKURI, H. V.; MAKIKALLIO, T. H.; PERKIOMAKI, J. Measurement of heart rate variability by methods based on nonlinear dynamics. *J. Electrocard.,* Durham, v. 36, p. 95-9, Suppl. 2003.

HURLEY, B. F. et al. Effect of training on blood lactate levels during submaximal exercise. *J. Appl. Physiol.,* Bethesda, v. 56, n. 5, p. 1260-4, 1984.

JACKSON, A. L.; POLLOCK, M. L. Generalized equations for predicting body density of men. *Br. J. Nutr.,* Cambridge, v. 40, p. 497-505, 1978.

JAMES, D. V. et al. Relationship between maximal oxygen uptake and oxygen uptake attained during treadmill middle-distance running. *J. Sports Sci.*, v. 25, n. 8, p. 851-8, 2007.

JAMES, N. W.; ADAMS, G. M.; WILSON, A. F. Determination of anaerobic threshold by ventilatory frequency. *Int. J. Sports Med.*, Stuttgart, v. 10, n. 3, p. 192-6, 1989.

JONES, A. M. Running economy is negatively related to sit-and-reach test performance in international-standard distance runners. *Int J. Sports Med.*, v. 43, p. 40-3, 2002.

JONES, A. M.; DOUST, J. H. The Conconi test is not valid for estimation of the lactate turnpoint in runners. *J. Sports Sci.*, London, v. 15, n. 4, p. 385-94, 1997.

JÚNIOR, J. B. S. et al. Correlação entre os Índices do Teste de Corrida com o Teste de Wingate. *Arquivos em Movimento*, Rio de Janeiro, v. 4, n. 1, p. 12-22, 2008.

KARVONEN, M. J.; KENTALA, E.; MUSTALA, O. The effects of training on heart rate: longitudinal study. *Ann. Med. Exper. Fenn.*, v. 35, n. 3, p. 307-15, 1957.

KAY, G. N. et al. Relationship between heart rate and oxygen kinetics during constant workload exercise. *Pacing. Clin. Electrophysiol.*, v. 18, n. 10, p. 1853-60, 1995.

KINDERMANN, W.; SIMON, G.; KEUL, J. The significance of the aerobic-anaerobic transition for the determination of work load intensities during endurance training. *Eur. J. Appl. Physiol.*, New York, v. 1, n. 42, p. 25-34, 1979.

KISS, M. A. P. D. M. et al. Validade da velocidade de limiar de lactato de 3,5 mM identificada através de teste em pista de atletismo. *Rev. Paul. Ed. Física,* São Paulo, v. 9, n. 1, p. 16-26, 1995.

KLAUSEN, K.; KNUTTGEN, H. G.; FORSTER, H. V. Effect of pre-existing high blood lactate concentration on maximal exercise performance. *Scand. J. Clin. Lab. Invest.*, v. 30, p. 415-9, 1972.

KLINE, G. M. et al. Estimation of VO_2max from a one-mile track walk, gender, age, and body weight. *Med. Sci. Sports Exerc.*, v. 19, n. 3, p. 253-9, 1987.

KNUDSON, D. V.; MORRISON, C. S. *Análise Qualitativa do Movimento Humano*. São Paulo: Manole, 2001.

KRUEL, L. F. M. et al. Influência das variáveis antropométricas na economia da corrida e no comprimento de passada em corredoras de rendimento. *Motriz,* v. 13, n. 1, p. 01-06, 2007.

KRUSTRUP, P. et al. The yo-yo intermittent recovery test: physiological response, reliability, and validity. *Med. Sci. Sports Exerc.*, v. 35, n. 4, p. 697-705, 2003.

KUIPERS, H. Comparison of heart rate as non-invasive determinant of anaerobic threshold with the lactate threshold when cycling. *Eur. J. Appl. Physiol.*, v. 58, p. 303-6, 1988.

KYROLAINEN, H.; BELLI, A.; KOMI, P. V. Biomechanical factors affecting running economy. *Med. Sci. Sports Exerc.*, v. 33, n. 8, p. 1330-7, 2001.

LA FONTAINE, T. P.; LONDEREE, B. R.; SPATH, W. K. The maximal steady state versus selected running events. *Med. Sci. Sports Exerc.*, Madison, v. 13, n. 3, p. 190-3, 1981.

LAFORGIA, J. et al. Comparison of energy expenditure elevations after submaximal and supramaximal running. *J. Appl. Physiol.*, v. 82, n. 2, p. 661-7, 1997.

LANGE, L. et al. Heart volume in relation to body posture and immersion in a thermo-neutral bath. *Pflügers Arch.*, v. 353, p. 219-26, 1974.

LEE, I. M.; HSIEH, C. C.; PAFFENBARGER, R. S. J. R. Exercise intensity and longevity in men: the Harvard alumni health study. *J. Am. Med. Assoc.*, Chicago, v. 273, n. 15, p. 1179-84, 1993.

LÉGER, L.; BOUCHER, R. An indirect continuous running multistage field test: the Université de Montréal track test. *Can J. Appl. Sport Sci.*, v. 5, n. 2, p. 77-84, 1980.

LEPRETRE, P. M. et al. Heart rate deflection point as a strategy to defend stroke volume during incremental exercise. *J. Appl. Physiol.*, Bethesda, v. 98, n. 5, p. 1660-5, 2005.

LIMA, J. R. P.; KISS, M. A. P. D. M. Limiar de variabilidade da frequência cardíaca. *Rev. Bras. Ativ. Fís. Saúde,* Londrina, v. 4, n. 1, p. 29-38, 1999.

Lin, Y. C. Circulatory findings during immersion and breath-hold dives in human. *Undersea Biomed. Res.*, v. 11, p. 123-38, 1984.

Lucía, A. et al. Determinants of VO(2) kinetics at high power outputs during a ramp exercise protocol. *Med. Sci. Sports Exerc.*, v. 34, n. 2, p. 326-31, 2002.

Lucia, A. et al. Lactic acidosis, potassium, and the heart rate deflection point in professional road cyclists. *Br. J. Sports Med.*, London, v. 36, n. 2, p. 113-7, 2002.

_____. Analysis of the aerobic-anaerobic transition in elite cyclists during incremental exercise with the use of electromyography. *Br. J. Sports Med.*, London, v. 33, n. 3, p. 178-85, 1999.

_____. Electromyographic response to exercise in cardiac transplant patients: a new method for anaerobic threshold determination? *Chest*, El Paso, v. 111, n. 6, p. 1571-6, 1997.

Lucic, I. A. D. *Análisis comparativo del VO^2 máximo estimado, mediante la aplicación de las pruebas de campo test de 12 minutos de cooper, test de naveta y test de 2400 metros de carrera, en estudiantes universitarios varones entre 18 y 20 años.* 137 f. 2002. Dissertação (Mestrado) – Programa de *strictu-sensu* em Ciência da Motricidade Humana, Universidade Taparacá, Chile, 2002.

MacFarlane D. J. Automated metabolic gas analysis systems: a review. *Sports Med.*, v. 31, n. 12, p. 841-61, 2001.

MacGawley, K.; Bishop, D. Reliability of a 5 · 6-s maximal cycling repeated-sprint test in trained female team-sport athletes. *Eur. J. Appl. Physiol.*, v. 98, p. 383-93, 2006.

Machado, A. F. A eficiência da pedaleira na predição do *VO^2* máximo durante o Teste de cicloergometro sub-máximo de Astrand. 44 f. 2001. Monografia (Pós-Graduação *Lato Sensu* em Fisiologia do esforço) – Pró-Reitoria de Pesquisa e Pós-Graduação, Universidade Castelo Branco, 2001.

_____. *Corrida*: Teoria e Prática do Treinamento. 1. ed. São Paulo: Ícone, 2009.

_____. *Corrida*: Bases Científicas do Treinamento. 1. ed. São Paulo: Ícone, 2011.

Machado, A. F. *Manual de Avaliação Física*. 1. ed. São Paulo: Ícone, 2010.

_____. Predição do VO^2 máximo baseado na frequência cardíaca. 156 f. 2005. Dissertação (Programa de Pós-Graduação *Strictu Sensu* em Ciência da Motricidade Humana) – Pró-Reitoria de Pesquisa e Pós-Graduação, Universidade Castelo Branco, 2005.

Machado, A. F. et al. Desenvolvimento e validação de um modelo matemático para predição do VO^2 máximo baseado na frequência cardíaca. Disponível em: <http://www.efdeportes.com>, ano 13, n. 123, 2008. Acesso em: 15 set. 2009.

Madding, S. W. et al. Effects of duration of passive stretch on hip abduction range of motion. *J. Orthopaedic Sports Phy. Ther.*, v. 8, n. 8, p. 409-16, 1987.

Magel, J. R.; McArdle, W. D.; Glaser, R. M. Telemetred heart rate responses to selected competitive swimming events. *J. Appl. Physiol.*, v. 26, p. 764-70, 1982.

Maglischo, E. W. *Nadando Ainda Mais Rápido*. 1. ed. São Paulo: Manole, 1999.

_____. *Nadando o mais rápido possível*. 3. ed. São Paulo: Manole, 2010.

Magnusson, S. P.; Simonsen, E. B.; Kjaer, M. Biomechanical responses to repeated stretches in human hamstring muscle in vivo. *Am. J. Sports Med.*, v. 24, n. 5, p. 622-28, 1996.

Mahony, N.; Donne, B.; O'Brien. A comparison of physiological responses to rowing on friction-loaded and air-braked ergometers. *J. Sports Sci.*, v. 17, n. 2, p. 143-9, 1999.

Maldonado, S.; Mujika, I.; Padila, S. Influence of body mass and height on the energy cost of running in highly trained middle-and long distance runners. *Int. J. Sports Med.*, v. 23, p. 268-72, 2002.

Malek, M. H. et al. Validity of VO^2max equations for aerobically trained males and females. *Med. Sci. Sports Exerc.*, v. 36, n. 8, p. 1427-32, 2004.

_____. Proposed tests for measuring the running velocity at the oxygen consumption and heart rate thresholds for treadmill exercise. *J. Strength Cond. Res.*, v. 19, n. 4, p. 847-52, 2005.

Margaria, R. et al. Energy costa of running. *J. Appl. Physiol.*, v. 18, p. 367-70, 1963.

Margaria, R., Aghemo, P., Rovelli, E. Measurement of muscular power (anaerobic) in man. *J. Appl. Physiol.*, v. 21, p. 1662-1664, 1966.

Marins, J. C. B.; Fernandez, M. D. FC máx: comparação da frequência cardíaca por meio de provas com perfil aeróbico e anaeróbico. *Fitness e Performance J.*, v. 3, n. 3, p. 166-74, 2004.

Marques, M. A. C. *O trabalho de força no alto rendimento desportivo*: da teoria a prática. Lisboa: Livros Horizonte, 2005.

Marterko, W.; Neves, C. E. B.; Santos, E. L. Modelo de predição de uma repetição máxima (1RM) baseado nas características antropométricas de homens e mulheres. *Rev. Bras. Med. Esporte*, v. 13, p. 27-32, 2007.

Mathews, D. K. *Medidas e Avaliação em Educação Física*. 5. ed. Rio de Janeiro: Guanabara, 1980.

Matsumoto, T.; Ito, K.; Moritani, T. The relationship between anaerobic threshold and electromyographic fatigue threshold in college women. *Eur. J. Appl. Physiol. Occup. Physiol.*, Berlin, v. 63, n. 1, p. 1-5, 1991.

Matthiesen, S. Q. *Atletismo*: teoria e prática. Rio de Janeiro: Guanabara Koogan, 2007.

Mayhew, J. L; Piper, F. C; Ware, J. S. Anthropometric correlates with strength performance among resistance trained athletes. *J. Sports Med. Phys. Fitness.*, v. 33, p. 159-65, 1993.

Mazzeo, R. S.; Marshall, P. Influence of plasma catecholamines on the lactate threshold during graded exercise. *J. Appl. Physiol.*, Bethesda, v. 67, n. 4, p. 1319-22, 1989.

McNaughton, L. R. et al. Portable gas analyser Cosmed K4b2 compared to a laboratory based mass spectrometer system. *J. Sports Med. Phys. Fitness*, v. 45, n. 3, p. 315-23, 2005.

McArdle, W. D. et al. Reliability and interrelationships between maximaloxygen intake, physical work capacity and step-test scores in college women. *Med. Sci. Sports,* v. 4, p. 182-6, 1972.

McArdle, W. D.; Katch, F. I.; Katch, V. L. *Fisiologia do exercício*: energia, nutrição e desempenho humano. 5. ed. Rio de Janeiro: Guanabara Koogan, 2003.

McCarthy, J. P.; Blaudeau, T. E.; Newcomer, B. R. Inverse relationship between exercise economy and oxidative capacity in muscle. *Eur. J. Appl. Physiol.*, v. 94, p. 558-68, 2005.

McMurray, R. G. et al. Is physical activity or aerobic power more influential on reducing cardiovascular disease risk factors? *Med. Sci. Sports Exerc.*, v. 30, n. 10, p. 1521-9, 1998.

McNair, P. J.; Stanley, S. N. Effect of passive streching and jogging on the series elastic muscle-stiffness and range of motion of the ankle joint. *Br. J. Sport Med.*, v. 30, n. 4, p. 313-7, 1996.

Meckel, Y.; Gottlieb, R.; Eliakim, A. Repeated sprint tests in young basketball players at different game stages. *J. Appl. Physiol.*, v. 107, n. 3, out., 2009

Melo, S. I. L. Construção e avaliação do calçado esportivo na visão de fabricantes, especialistas e usuários – um estudo de revisão. *Rev. Ed. Física/ UEM*, v. 7, n. 1, p. 41-52, 1996.

Midgley, A. W. et al. Criteria for determination of maximal oxygen uptake: a brief critique and recommendations for future research. *Sports Med.*, v. 37, n. 12, n. 1019-28, 2007.

Millet, G. P. et al. Alterations in running economy and mechanics after maximal cycling in triathletes: influence of performance level. *Int. J. Sports Med.*, v. 21, p. 127-32, 2000.

Mirwald, R. L.; Bailey, D. A. *Maximal aerobic power*. London: Sports Dynamics. 1986.

Miyashita, M.; Kanehisa, H.; Nemoto, I. EMG related to anaerobic threshold. *J. Sports Med. Phys. Fitness,* Turin, v. 21, n. 3, p. 209-17, 1981.

MONETA, J. C. et al. Threshold for muscle lactate accumulation during progressive exercise. *Am. Physiol. Soc.*, p. 2710-6, 1989.

MONTEIRO, W. D; ARAÚJO, C. G. S. Transição caminha-corrida: considerações fisiológicas e perspectiva para futuros estudos. *Rev. Bras. Med. Esporte*, v. 7, n. 6, p. 207-22, 2001.

MONTOYE, H. J. et al. Heart rate response to a modified Harvard step test: males and females, age 10-69. *Res Q.*, v. 40, n. 1, p. 153-62, 1969.

MORAES, R. C. Proposta e verificação da validade de testes de limiar anaeróbio para natação no nado crawl. 2008. Dissertação (Mestrado) – Pós-graduação em Ciência do Esporte da Faculdade de Educação Física, Campinas, Universidade de Campinas, Campinas, 2008.

MOREIRA, A. Testes de campo para monitorar desempenho, fadiga e recuperação em basquetebolistas de alto rendimento. *Rev. Ed. Física/ UEM*, v. 19, n. 2, p. 241-50, 2008.

MOREIRA, A. et al. A dinâmica de alteração das medidas de força e o efeito posterior duradouro de treinamento em basquetebolistas submetidos ao sistema de treinamento em bloco. Rev. Bras. Med. Esporte, v. 10, n. 4, p. 243-250, 2004.

MOSS, A. J. Foreward. In: MALIK, M.; CAMM, A. J. *Heart rate variability*. Armonk: Futura, 1995.

NAKAMURA, F. Y. et al. Correlação entre os parâmetros do modelo de potência crítica no ciclo ergômetro de membros superiores e no caíque. *Rev. Bras. Ciência Mov.*, v. 13, n. 2, p. 41-48, 2005.

NAUGHTON, J. P.; HELLERSTEIN, H. K.; MOHLER, I. C. *Exercise Testing and Exercise Training in Coronary Heart Disease*. New York: Academic Press, 1973.

NEWMANN, G.; SCHULER, K. P. *Sportmedizinische funktionsdiagnostik*. Sportmedizine Schriftenreiche. Leipzig: J.A. Barth, 1989. p. 114-5.

NOAKES, T. D. S. T.; CLAIR GIBSON, A., LAMBERT, E. V. From catastrophe to complexity: a novel model of integrative central neural regulation of effort and fatigue during exercise in humans. *Br. J. Sports Med.*, v. 38, p. 511-4, 2004.

NOMA, K.; RUPP, H.; JACOB, R. Subacute and long term effect of swimming training on blood pressure in young and old spontaneously hypertensive rats. *Cardiovasc. Res.*, v. 21, n. 12, p. 871-7, 1987.

NOVAK, V. et al. Influence of respiration on heart rate and blood pressure fluctuations. *J. Appl. Physiol.*, Bethesda, v. 74, n. 2, p. 617-26, 1993.

OJA, P. et al. A 2-km walking test for assessing the cardiorespiratory fitness of healthy adults. *Int. J. Sports Med.*, v. 12, n. 4, p. 356-62, 1991.

OLIVEIRA, F. R. et al. Testes de pista para avaliação da capacidade lática de corredores velocistas de alto nível. *Rev. Bras. Med. Esporte*, v. 12, n. 2, p. 99-102, 2006.

OLIVER, J. L.; ARMSTRONG, N.; WILLIAMS, C. A. Relationship between brief and prolonged repeated sprint ability. *J. Sci. Med. Sport*, v. 12, n. 1, p. 238-43, 2009.

OMIYA, K. et al. Relationship between double product break point, lactate threshold, and ventilatory threshold in cardiac patients. *Eur. J. Appl. Physiol.*, New York, v. 91, n. 2/3, p. 224-9, 2004.

OZOLIN, N. G. *Sistema contemporâneo do treinamento esportivo*. Havana: Editorial cientifico-técnico, 1970.

PAAVOLAINEN, L. et al. Explosive-strength training improves 5-km running time by improving running economy and muscle power. *J. Appl. Physiol.*, v. 86, n. 5, p. 1527-33, 1999.

PEYRÉ-TARTARUGA, L. A.; KRUEL, L. F. M. Corrida em piscina funda: limites e possibilidades para o alto desempenho. *Rev. Bras. Med. Esporte*, v. 12, n. 5, p. 286-90, 2006.

PINNINGTON, H. C. et al. The level of accuracy and agreement in measures of FEO2, FECO2 and VE between the Cosmed K4b2 portable, respiratory gas analysis system and a metabolic cart. *J. Sci. Med. Sport*, v. 4, n. 3, p. 324-35, Sep. 2001.

PLATONOV, V. N. *Tratado Geral de Treinamento Desportivo*. São Paulo: Phorte, 2008.

Pober, D. M. et al. Development and validation of a one-mile treadmill walk test to predict peak oxygen uptake in healthy adults ages 40 to 79 years. *Can. J. Appl. Physiol.*, v. 27, n. 6, p. 575-89, Dec. 2002.

Praagh, E. V. Anaerobic fitness tests: What are we measuring? *Med. Sport Sci.*, v. 50, p. 26-45, 2007.

Pringle, J. S. M.; Jones, A. M. Maximal lactate steady state, critical Power and EMG during cycling. *Eur. J. Appl. Physiol.*, v. 88, p. 214-26, 2002.

Pyne, D. B.; Lee, H.; Swanwick, K. M. Monitoring the lactate threshold in worldranked swimmers. *Med. Sci. Sports Exerc.*, v. 33, n. 2, p. 291-7, 2001.

Ramamani, A.; Aruldhas, M. M.; Govindarajulu, P. Impact of testosterone and oestradiol on region specificity of skeletal muscle-ATP, creatine phosphokinase and myokinase in male and female Wistars rats. *Acta Physiol. Scand.*, v. 166, p. 91-7, 1999.

Reed, G. W.; Hill, J. O. Measuring the thermic effect of food. *Am. J. Clin. Nutr.*, v. 63, p. 164-9, 1996.

Reinhard, U.; Muller, P.H.; Schmulling, R. M. Determination of anaerobic threshold by the ventilation equivalent in normal individuals. *Respiration,* Basel, v. 31, n. 1, p. 36-42, 1979.

Ribeiro, J. P. Heart rate break point may coincide with the anaerobic thresold and not the aerobicsthreshold. *Int. J. Sports Med.*, v. 6, p. 220-24, 1985.

Riley, M. S.; Cooper, C. B. Ventilatory and gas exchange responses during heavy constant work-rate exercise. *Med. Sci. Sport Exerc.*, p. 98-104, 2002.

Risch, W. D.; Koubenec, H. F.; Becmann, U. The effect of graded immersion on heart volume, central venous pressure pulmonary blood distribution, and heart rate in man. *Pflügers Arch.*, v. 374, p. 115-8, 1978.

Ritchie, S. E.; Hopkins, W. G. The intensity of exercise in deep-water running. *Int. J. Sports Med.*, v. 12, p. 27-9, 1991.

Robergs, R. A; Landwehr, R. The surprising history of the Hrmax = 220 – age, equation. *JEP online*, v. 5, n. 2, p. 1-10, 2002.

Roberts, R. A. et al. Blood lactate threshold differences between arterialized and venous blood. *Int. J. Sports Med.*, Stuttgart, v. 11, n. 6, p. 446-51, 1990.

Rumpler, W. et al. Repeatability of 24-hour energy expenditure measurements in humans by indirect calorimetry. *Am. J. Clin. Nutr.*, v. 51, p. 47, 1990.

Ruoti, R. G.; Troup, J. T.; Berger, R. A. The effects of nonswimming water exercise on older adults. *J. Orthop. Sports. Phys. Ther.*, v. 19, n. 3, p. 140-5, 1994.

Ruppel, G. *Manual of pulmonary*: Function testing. Philadelfia: Mosby, 1994.

Sakamoto, K.; Goodyear, L. J. Exercise Effects on Muscle Insulin on Signaling and Action Invited Review: Intracellular signaling in contracting skeletal muscle. *J. Appl. Physiol.*, v. 93, p. 369-83, 2002.

Sand, W. A. et al. Comparison of the Wingate and Bosco Anaerobic Tests. *J. Strength Condit. Res.*, v. 18, n. 4, p. 810-5, 2004.

Santos, E. L. *Redes neurais aplicadas a grandezas ergo-espirometricas de cardiopatas chagásicos crônicos*. 180 f. 1999. Dissertação (Mestrado) – COPPE, Universidade Federal do Rio de Janeiro, Rio de Janeiro, Brasil, 1999.

Saunders, P. U. et al. Factors affecting running economy in trained distance runners. *Sports Med.*, v. 34, n. 7, p. 465-85, 2004.

Schmidt, R. *Aprendizagem e Performance Motora*. São Paulo: Movimento, 1993.

Seals, D. R.; Victor, R. G. Regulation of muscle sympathetic nerve activity during exercise in humans. *Exerc. Sport Sci. Rev.*, v. 19, p. 313-49, 1991.

Seely, A. J. E.; Macklem, P. T. Complex Systems and the technology of variability analysis. *Critical Care,* London, v. 8, p. 367-84, 2004.

Sheldahl, L. M. Special ergometric techniques and weight reduction. *Med. Sci. Sports Exerc.*, v. 18, p. 25-30, 1985.

Siconolfi, S. F. et al. A simple, valid step test for estimating maximal oxygen uptake in epidemiologic studies. *Am. J. Epidemiol.*, v. 121, n. 3, p. 382-90, 1985.

SILVA, M. S. A. *Corra*: Guia completo, treino e qualidade de vida. 1. ed. São Paulo: Academia, 2009.

SILVA JUNIOR, A. M.; XAVIER, W. D. R.; MARINS, J. C. B. Comparação da freqüência cardíaca obtida com a freqüência cardíaca calculada por diversas fórmulas em exercício de cicloergômetro. *Rev. Min. Educ. Fís. Viçosa*, v. 11, n. 2, p. 253-59, 2002.

SILVA, S. R. D.; FRAGA, C. H. W.; GONÇALVES, M. Efeito da fadiga muscular na biomecânica da corrida: uma revisão. *Motriz*, v. 13, n. 3, p. 225-35, 2007.

SINGER, R. *El aprendizaje de las acciones motrices en el desporte*. Barcelona: Hispano Europea, 1986.

SLAWINSKI, J. S.; BILLAT, V. Changes in internal mechanical cost during overground running to exhaustion. *Med. Sci. Sports Exerc.*, v. 37, n. 7, p. 1180-6, 2005.

_____. Difference in mechanical and energy cost between highly, well, and non-trained runners. *Med. Sci. Sports Exerc.*, v. 36, n. 8, p. 1440-6, 2004.

SPENCER, M. et al. Physiological and metabolic responses of repeated-sprint activities – specific to field-based team sports. *Sports Med.*, v. 35, n. 12, p. 1025-44, 2005.

SPRIET, L. L. Anaerobic metabolism during high-intensity exercise. In: HARGREAVES, M. (Ed.). *Exercise Metabolism*. 1. ed. Human Kinetics, 1995. p. 1-40.

SPROULE, J. Running economy deteriorates following 60 min of exercise at 80% VO^2 max. *Eur. J. Appl. Physiol.*, v. 77, p. 366-71, 1998.

SPURRS, R. W.; MURPHY, A. J.; WATSFORD, M. L. The effect of plyometric training on distance running performance. *Eur. J. Appl. Physiol.*, v. 89, n. 1, p. 1-7, 2003.

STICKLAND, M. K.; MORGAN, B. J.; DEMPSEY, J. A. Carotid chemoreceptor modulation of sympathetic vasoconstrictor outflow during exercise in healthy humans. *J. Physiol.*, v. 586, n. 6, p.1743-54, 2008.

STRATTON, E. et al. Treadmill Velocity Best Predicts 5000-m Run Performance. *Int. J. Sports Med.*, v. 30, n. 1, p. 40-45, 2009.

SVEDAHL, K.; MACINTOSH, B. R. Anaerobic threshold: the concept and methods of measurement. *Can. J. Appl. Physiol.*, Champaign, v. 28, n. 2, p. 299-323, 2003.

SZÖGY, A.; CHEREBETIU, G. Minutentest auf dem Fahrradergometer zur Bestimmung der anaeroben Kapazitat. *Eur. J. Appl. Physiol.*, v. 33, n. 171-3, 1974.

TAKESHIMA, N.; TANAKA, K. Prediction of endurance running performance for middle-aged and older runners. *Br. J. Sports Med.*, v. 29, n. 1, p. 20-3, 1995.

TANAKA, H.; MONAHAN, K.; SCAL, D. Age-predicted maximal heart rate revised. *J. Am. Coll. Cardiol.*, v. 37, n. 1, p. 153-6, 2001.

TANAKA, H. et al. Double product response is accelerated above the blood lactate threshold. *Med. Sci. Sports Exerc.*, Madison, v. 29, n. 4, p. 503-8, 1997.

Task Force of European Society of Cardiology the North American Society of Pacing Electrosphysiology. Heart rate variability standards of measurement, physiological interpretation and clinical use. *Circulation*, Dallas, v. 93, n. 5, p. 1043-65, 1996.

TEGTBUR, U.; BUSSE, M. W.; BRAUMANN, K. M. Estimation of an individual equilibrium between lactate production and catabolism during exercise. *Med. Sci. Sports Exerc.*, Madison, v. 25, n. 5, p. 620-7, 1993.

THORNTON, J. M. et al. Identification of higher brain centers that may encode the cardiorespiratory response to exercise in humans. *J. Physiol.*, v. 15, n. 533 (Pt. 3), p. 823-36, 2001.

TROOSTERS, T.; GOSSELINK, R.; DECRAMER, M. Six minute walking distance in healthy elderly subjects. *Eur. Respir. J.*, v. 14, n. 2, p. 270-4, 1999.

TUBINO, M. J. G; MOREIRA, S. B. *Metodologia do treinamento desportivo*. Rio de Janeiro: Shape, 2003.

TULPPO, M. P. et al. Quantitative beat-tobeat analysis of heart rate dynamics during exercise. *Am. J. Physiol.*, Baltimore, v. 271, n. 40, p. 244-52, 1996.

VANDEWALLE, H.; PÉRÈS, G.; MONOD, H. Standard anaerobic exercise tests. *Sports Med.*, v. 4, n. 4, p. 268-89, 1987.

VERKHOSHANSKY, Y. V. Problemas atuais da metodologia do treino desportivo. *Rev. Trein. Desport.*, v. 1, n. 1, p. 33-45, 1996.

VIEL, E. *A marcha humana, a corrida e o salto*. São Paulo: Manole, 2001.

VILLANUEVA, A. M.; HAMER, P.; BISHOP, D. Fatigue responses during repeated sprints matched for initial mechanical output. *Phys. Fitness Perform.*, p. 2219-25, 2007.

VOGLER, A. J.; RICE, A. J.; WITHERS, R. T. Physiological responses to exercise on different models of the concept II rowing ergometer. *Int. J. Sports Physiol Perform.*, v. 2, n. 4, p. 360-70, 2007.

WALTER, G. et al. Noninvasive measurement of phosphocreatine recovery kinetics in single human muscle. *Am. J. Physiol.*, v. 272, p. C525-534, 1997.

WARD, S. A. Ventilatory control in humans: constraints and limitations. *Exp. Physiol.*, v. 92, n. 2, p. 357-66, 2007.

WASSERMAN, K. Measures of functional capacity in patients with heart failure. *Circulation*, v. 81, n. 1, Suppl. II, p. 1-4, 1990.

WASSERMAN, K.; MCILROY, M. B. Detecting the threshold of anaerobic metabolism. *Am. J. Cardiol.*, New York, v. 14, p. 844-52, 1964.

WEINECK, U. *Treinamento ideal*. 9. ed. São Paulo: Manole, 1999.

WELTMAN, A. *The Blood Lactate Response to Exercise*. Champaign: Human Kinetics, 1995.

WHITLEY, J. D.; SCHOENE, L. L. Comparasion of heart rate responses – water walking versus treadmill walking. *J. Am. Physical Ther. Assoc.*, v. 15, p. 96-8, 1990.

WIENER, S. P.; GARBER, C. E.; MANFREDI, T. G. A comparison of exercise performance on bicycle and rowing ergometers in female master recreational rowers. *J. Sports Med. Phys. Fitness*, v. 35, n. 3, p. 176-80, 1995.

WIER, L. T. et al. Nonexercise models for estimating VO^2max with waist girth, percent fat, or BMI. *Med. Sci. Sports Exerc.*, v. 38, n. 3, p. 555-61, Mar. 2006.

WILLEMOES, M.; KILSTRUP, M. Nucleoside triphosphate synthesis catalysed by adenylate kinase is ADP dependent. *Arch. Biochesm. Biophys.*, p. 195-9, 2005.

WILLIFORD, H. N. et al. Cross-validation of non-exercise predictions of VO^2peak in women. *Med. Sci. Sports Exerc.*, v. 28, n. 7, p. 926-30, 1996.

WILMORE, J. H. et al. An automated system for assessing metabolic and respiratory function during exercise. *J. Appl. Physiol.*, v. 40, p. 619, 1976.

WILT, F. Training for competitive running. In: FALLS, H. B. (Ed.). *Exercise Physiology.* New York: Academic Press, 1968. p. 395-414.

YAMAMOTO, Y.; HUGHSON, R. L.; PETERSON, J. C. Autonomic control of heart rate exercise studied by heart rate variability spectral analysis. *J. Appl. Physiol.,* Bethesda, v. 71, n. 3, p. 1136-42, 1991.

YAMAMOTO, Y.; HUGHSON, R. L.; NAKAMURA, Y. Autonomic nervous system responses to exercise in relation to ventilatory threshold. *Chest,* El Paso, v. 101, n. 5, p. 206-10S, Suppl., 1992.

YUAN, Y. et al. Ammonia threshold-comparison to lactate threshold, correlation to other physiological parameters and response to training. *Scand. J. Med. Sci. Sports,* Copenhagen, v. 12, n. 6, p. 358-64, 2002.

ZACHAZEWSKI, J. E. *Flexibility for sports.* Norwalk: Sanders, 1990.

ZAKHAROV, A. *Ciência do Treinamento Desportivo.* Rio de Janeiro: Grupo Palestra, 1992.

ZATSIORSKY, V. M. *Ciência e prática do treinamento de força.* São Paulo: Phorte, 1999.

ZAVORSKY, G. S.; MONTOGOMERY, D. L; PEARSALL, D. J. Effect on intense interval workouts on running economy using three recovery durations. *Eur. J. Appl. Physiol.*, v. 77, p. 224-30, 1998.

ZIEMBA, A. W. et al. Early effects of short-term aerobic training. Physiological responses to graded exercise. *J. Sports Med. Phys. Fitness*, v. 43, n. 1, p. 57-63, 2003.

Sobre o livro
Formato: 17 x 24 cm
Mancha: 12 x 19 cm
Papel: Couché 115g
Tiragem: 2.000 exemplares
nº páginas: 232
1ª edição: 2013

 Este livro segue o novo Acordo Ortográfico da Língua Portuguesa

Equipe de realização
Assistência editorial
Emerson Charles

Assessoria editorial
Maria Apparecida F. M. Bussolotti

Fotos
Sergio Shibuya

Edição de texto
Maria Apparecida F. M. Bussolotti (Preparação do original e copidesque)
8ª Rima e Jaqueline Carou (Revisão)

Editoração eletrônica
Renata Tavares (Capa, projeto gráfico e diagramação)
Douglas Docelino (Ilustrações)

Impressão